WOLFGANG MÜLLER

BRATEN

GROSSE STÜCKE PERFEKT ZUBEREITEN

Dieses Buch widme ich meiner Schwester Heike.

»Liebe die Zeit des Lebens, geniesse die Liebe zu Kulinarischem,
denn sie ist nur eine Zeit deines Lebens.«

WOLFGANG MÜLLER

BRATEN

GROSSE STÜCKE PERFEKT ZUBEREITEN

FOTOGRAFIE: FLORIAN BOLK

MATTHAES

Inhalt

Braten –
Tradition trifft Moderne

Wenn mein Freund Wolfgang Müller sich mit dem Thema „Braten" beschäftigt, dann bin ich gespannt auf das Ergebnis. Ich schätze ihn schon sehr lange als Metzger und Koch, habe schon viele Schlacht- und Kochevents mit ihm veranstaltet und weiß, dass er die Dinge, die er anpackt, auch richtig macht. Er vertieft sich in ein Thema, bis er das bestmögliche Ergebnis erreicht. Das heißt, er ist nie nur mit dem Althergebrachten zufrieden, sondern bringt Innovation ein. Dabei trägt das Thema „Braten" an sich viel Tradition in sich. Wer denkt bei dem Wort nicht sofort an den Sonntagsbraten mit der Familie. Wie es war, als man nur selten, aber sonntags immer, Fleisch aufgetischt und zusammen genossen hat. Glücklich diejenigen, die diese Erinnerung noch haben. Heute ist das Thema „Sonntagsbraten" so aktuell wie 1960, 1970 oder noch 1980. Jeder freut sich, im großen Kreis zu essen – inzwischen oft mit Freundinnen und Freunden. Auch das Thema, bewusst und daher nicht mehr täglich Fleisch zu essen, ist längst angekommen. Lieber seltener, aber dafür beste Qualität, das ist der Konsens beim Fleischkonsum und nebenbei bemerkt mein persönliches Mantra.
Ich wünsche Wolfgang und diesem Buch viele Leser und Leserinnen, die sich inspirieren lassen, und last but not least, dass viele Braten im Kreis der Lieben und Liebsten genossen werden.

Ludwig Maurer

The Indian
NO.7
SKELETON DIRK

STOI
WOLFGANG MÜLLER
MEAT CHEF
BERLIN

Keine Angst vor einem großen Stück Fleisch

Häufig haben wir weder Zeit noch Geduld, ein größeres Stück Fleisch mit Liebe vorzubereiten, über Stunden hinweg zu garen und dabei zu beobachten, wie es im Backofen eine saftige Bräune bekommt, wie es langsam in kräftiger Marinade schmort oder wie es sich unter einer Teigkruste zu einer Delikatesse verwandelt. Auch fehlen meist die Fähigkeiten, große Fleischstücke zu präparieren, zu würzen, zu braten, zu schmoren oder zu backen, und selbst das Tranchieren des fertigen Prachtstücks kann zum Problem werden. Mit diesem Buch will ich euch alles zeigen, was ihr an Expertise braucht, um zum Bratenfan zu werden. Aus diesem Grund findet ihr neben über 70 Rezepten für klassische und außergewöhnliche Braten einen umfangreichen Grundlagenteil mit den hilfreichen Küchenutensilien, einer Gewürzkunde (danke an Hela für die Unterstützung) und vielen Schritt-für-Schritt-Anleitungen zu den Techniken: vom Einschneiden eines Krustenbratens über das Füllen des Schweinebauchs, das Auslösen des Ochsenschwanzes, das Parieren eines Rückens bis hin zum Tranchieren von Steaks, Geflügel und im Ganzen gebratenen Rücken.

Lange habe ich in meinen Restaurants große Fleischstücke zelebriert. Wenn das erste Stück die Küche verließ und die Gäste sahen, wie der Service das Fleisch am Tisch des Gastes tranchierte, dann kamen die Bestellungen am laufenden Band in die Küche. In den französischen Brasserien wurden ganze Rinderrücken, Kalbsschultern, Côtes de Boeuf, Lammrücken, Enten, Gänse und vieles mehr auf silbernen Tranchierwagen durchs Restaurant gefahren. Die Gäste haben es genossen, gemeinsam mit vielen anderen ein großes Stück Fleisch zu teilen. Manchmal findet man diese wunderbare alte Tradition noch heute in ausgewählten französischen Brasserien.
Ihr könnt dieses Lebensgefühl auch nach Hause holen: Denkt einfach daran, wie schön ist es, mit Familie, Freunden und Gästen an einem Tisch zu sitzen, köstliches Essen zu teilen und bei gutem Wein und anregenden Gesprächen die Zeit zu vergessen. In diesem Sinne, habt Spaß beim Zubereiten von Braten, Schmortöpfen, Geflügel & Co.! Genießt die Zeit in der Küche – und der Genuss wächst, wenn ihr euch zu mehreren ans Kochen macht.

Euer Wolfgang

EINLEITUNG

BUTCHER Wolfpack
FLEISCHSOMMELIER
FLEISCHER-AKADEMIE AUGSBURG
DEUTSCHLAND
FLEISCH
SOMMELIER
Deutschland

Bratenstücke: Fleischzuschnitte und ihre Verwendung

DIE GUTE VORBEREITUNG VON FLEISCH

Damit sich der Aufwand bei der Zubereitung eines großen Bratens lohnt, braucht es eine gute Vorbereitung. Denn nicht jedes Fleisch bringt den gewünschten Erfolg. Achtet darauf, woher das Fleisch stammt, wie das Tier gehalten wurde, welches Futter es bekommen hat, wo und wie es geschlachtet wurde und wie lange das Fleisch reifen konnte.

Fleisch wird vor der Zubereitung oft pariert, das heißt, dass Fett, Sehnen und Silberhäutchen abgeschnitten werden. Dies ist jedoch beim Schmoren, Braten und auch bei der Zubereitung ganzer Tiere überhaupt nicht erforderlich, da diese Abschnitte das Fleisch beim Garen schützen und ihm Geschmack und Saftigkeit verleihen. Wer Fett partout nicht mag, schneidet es einfach nach dem Garen weg. Aber es gibt auch hier Ausnahmen: Große Sehnen z. B. beim Ossobuco oder beim Tafelspitz muss man vorher entfernen, da sie sich beim Garen verziehen würden. Ich werde oft gefragt, weshalb ich von Fleisch aus Massentierhaltung dringend abrate. Diese Tiere haben kein schönes Leben: Sie werden zu eng gehalten, haben keinen Auslauf und bekommen Kraftfutter, damit sie schnell ihr Schlachtgewicht erreichen. Das bedeutet aber, dass sich das Fleisch noch nicht zu einem kompakten Muskel entwickeln konnte – es schaut zwar gut aus, aber es schrumpft oder verzieht sich beim Garen, da das ungebundene Wasser sowie Kollagen und Fett auslaufen. Mein Fazit: Tiere artgerecht halten und länger leben lassen! Und wir sollten uns bei der Zubereitung von Fleisch Zeit nehmen, um dieses kostbare Lebensmittel wertschätzend in ein köstliches Gericht zu verwandeln.

BILD LINKS: **Bestes Fleisch liefert mir Jörg Erchinger von der Erchinger Fleisch und Wurstmanufaktur.**

Töpfe und Pfannen

BRÄTER

Um ein großes Fleischstück im Backofen zu garen, wird klassisch ein Bräter verwendet. Einen Bräter mit Deckel bezeichnet man auch als Bratenkasserolle oder Schmortopf.

BRATENBLECH MIT GITTER

Das Fleisch liegt auf einem Gitter, sodass sich der Bratensaft im tiefen Blech sammelt. Der Vorteil: Man bekommt eine schöne Sauce und das Fleisch gart perfekt, ohne im Bratensaft zu schwimmen, wodurch es an der Unterseite einen anderen Garpunkt bekommen würde.

EISENPFANNE

Eine Eisenpfanne wird sehr heiß und ist damit unverzichtbar für Steaks, die darin eine herrliche Kruste bekommen. Eisenpfannen werden nur heiß ausgespült und ausgerieben, sie gehören auf keinen Fall in die Spülmaschine.

GRILLPLATTE

Mit einer Grillplatte lassen sich Steaks, Fisch oder Gemüse bei großer Hitze „a la plancha" garen. Dank der großen Oberfläche einer Grillplatte können mehrere Stücke gleichzeitig zubereitet werden.

KUPFERPFANNE

In einer Kupferpfanne wird die Hitze sehr gut über die ganze Fläche verteilt. Deshalb ist diese besonders gut geeignet für das Schmoren von Bäckchen, Kaninchen oder Geflügel.

TÖPFE

Zum Sieden und Schmoren sind Töpfe mit Deckel geeignet. So werden die Fleischstücke schonend gegart und beim Tafelspitz zum Beispiel wird die Brühe schön klar.

TONTERRINEN (BAECKEOFFE)

Ein typisches Gericht in der Tonterrine ist der Baeckeoffe. Dieser kommt aus dem Elsass und erhielt seinen Namen vom Backofen des Bäckers. Dorthin brachten früher die Frauen des Dorfes ihre Tonterrinen, die mit Fleisch, Kartoffeln und Gemüse gefüllt waren. Diese wurden in den Brotbackofen des Bäckers geschoben, um die Restwärme auszunutzen. Um das unbefugte Öffnen der Terrine bis zur Abholung zu verhindern, wurde sie mit einem Deckel aus Brotteig versiegelt.

RÖMERTOPF

Der Römertopf wird vor der Benutzung gewässert. Im Ofen gibt der Tontopf das Wasser als Dampf ab, wodurch das Fleisch sanft gegart wird.

TAJINE

Dieser Tontopf mit spitzem Deckel kommt aus der nordafrikanischen Küche und hält große Hitze aus. Der Dampf kondensiert in der Form und läuft an den Wänden zurück zum Gargut. Durch diesen Kreislauf gehen keine Aromen verloren und das Essen schmort, wie beim Römertopf, schonend im eigenen Saft.

Messer und Hilfsmittel

ARBEITSBRETTER

sollen für Fleisch, Geflügel und Fisch immer sortenrein verwendet werden, da dies hygienischer ist. Holz- oder Kunststoffbretter sind gut, Glasbretter machen die Messer stumpf.

BRATENSCHNUR UND FLEISCHNADEL

um Fleischstücke in Form zu binden oder um eine Fleischtasche zuzunähen

FLEISCHZANGE

unverzichtbar beim Grillen, aber es können damit auch große Fleischstücke beim Schmoren, Braten oder Sieden gut bewegt werden

FLEISCHGABEL

um große Fleischstücke festzuhalten, wenn man sie schneidet oder tranchiert. Die Fleischgabel wird jedoch nicht verwendet, um ein großes Stück Fleisch aus dem Bräter zu heben; durch die Stiche würde der Fleischsaft auslaufen und das Fleisch trocken werden.

HOLZSPIESSE

um Fleisch wie z. B. Rouladen zusammenzuhalten und ihm Form zu geben

KÜCHENBEIL

um kleinere Knochen oder Geflügelknochen zu trennen oder klein zu hacken

MESSER

sind unverzichtbare Utensilien und sollten immer gut geschärft sein. Zwei Arten von Messern gehören für mich zur Basisausstattung jeder Küche: ein großes Koch- oder Fleischmesser (16 bis 23 cm Klingenlänge), das sich zum Schneiden von Fleisch, Fisch, Gemüse und zum Hacken von Kräutern eignet, sowie ein handliches Officemesser, auch Allzweck- oder Universalmesser genannt, das zum Schälen und für feinere Schneidearbeiten genutzt wird (7 bis 12 cm Klingenlänge). Fürs Parieren kann manchmal ein Ausbeinmesser mit schmaler, flexibler Klinge hilfreich sein.

Zum Scharfhalten eurer Messer könnt ihr einen Wetzstahl verwenden und die Messer immer wieder drüberziehen. Müssen die Messer richtig geschliffen werden, empfehle ich einen professionellen Messerschleifer, das kostet pro Messer etwa 8 bis 16 Euro. Oder ihr legt euch einen Schleifstein zu; diesen wässert ihr und zieht dann das Messer im 20-Grad-Winkel darüber. Von fertigen Schleifsystemen rate ich eher ab, da diese einen festen Winkel und eine feste Körnung haben und die Klingen schartig machen können. Und nicht vergessen: Messer gehören nicht in die Spülmaschine, ihr spült sie liebevoll von Hand.

PINSEL

um Fleisch mit Marinade einzustreichen oder zu glasieren sowie zum Bestreichen von Teig

FLEISCHTHERMOMETER

um die Kerntemperatur im Blick zu haben

AUFSCHNITTMASCHINE

kein Muss, aber hilfreich zum Schneiden von Rouladen, Speck, Bacon und kaltem Braten

Gewürze und Kräuter

Als ich 1979 mit 15 Jahren in der Metzgerei meine erste Lehre machte, habe ich die besten Gewürze kennengelernt. Mein Lehrmeister hat immer gesagt „Nur Gutes kann etwas Besonderes ergeben.", und entsprechend hat er die Gewürzdosen der Firma Hela gehegt und gepflegt. Von ihm habe ich gelernt, wie man Gewürze richtig lagert: „Immer dunkel abgeschieden von der Welt, keine Feuchtigkeit, nicht offen stehen lassen und nie zu viel von einem Gewürz kaufen, da es mit der Zeit seine Aromen, Farbe und Stärke verliert." Noch immer arbeite ich mit der Firma Hela zusammen und in 44 Jahren unserer Partnerschaft wurde ich noch nie enttäuscht.
Heute bietet die Firma Hela, die nachhaltig und bio produziert, auch Gewürzmischungen und Rubs an: Pulled Pork BBQ Rub, Bio Stoi Dust Rub von Ludwig Maurer, Golden Treasure Rub, Wild Gentleman Rub und Beef Brisket Rub. Auch empfehlenswerte Currymischungen wie Curry Harathi, Curry Saheli oder Curry Mahima sind im Angebot.

Gewürze sorgen nicht nur für den besonderen Geschmack und das appetitanregende Aussehen unserer Bratenstücke, sie können sogar heilende Wirkung entfalten. Wenn ihr mit getrockneten Gewürzen arbeitet, achtet auf Gewürze ohne Geschmacksverstärker, Gluten, Konservierungs- und Farbstoffe. Frische Kräuter und Gewürze sollen Bioqualität haben oder aus dem eigenen Garten stammen.

GEWÜRZ-RUB

Ein Gewürz-Rub ist eine Trockenmischung aus verschiedenen Gewürzen und Kräutern. Lest euch die Zutatenliste immer genau durch, denn in vielen Rubs sind Zutaten wie Glutamat, künstliche Aromen und Farbstoffe drin, die dort nichts zu suchen haben. Rubs können auch leicht selbst gemischt werden.

GEWÜRZLAKE

Gewürzlake ist eine Flüssigwürze, die meist aus Wasser und Gewürzen und Kräuter besteht. Diese kann mit einer Spritze in große Bratenstücke oder in ganze Tiere wie Geflügel injiziert werden und verleiht Fleisch ein herrliches Aroma. Wichtig ist, dass die Lake kräftig abgeschmeckt ist und man nicht zu viel Flüssigkeit injiziert, denn sonst tritt beim Braten, Grillen oder Schmoren zu viel Flüssigkeit aus und das Fleisch wird trocken.

SALZ

Oft reicht es, ein schönes Stück Fleisch mit Salz zu würzen. Lasst das Fleisch für sich sprechen, denn oft ist dieser Geschmack der beste.

TIPPS FÜR GETROCKNETE GEWÜRZE UND KRÄUTER

1. Nie zu große Mengen und nie gemahlen kaufen.
2. In gut verschließbaren, lichtundurchlässigen Behältern an einem kühlen und trockenen Ort aufbewahren.
3. Niemals mit den Händen in die Behälter fassen, da sonst Keime die Qualität der Gewürze und Kräuter beeinträchtigen können.
4. Gewürze erst kurz vor dem Würzen in einem Mörser zerstoßen oder in einer Gewürzmühle bzw. einer alten Kaffeemühle fein mahlen.
5. Samen wie Fenchel, Kardamom, Koriander, Pfeffer und Piment vor dem Mahlen in einer Pfanne ohne Öl leicht anrösten. So entfalten sie ein noch kräftigeres Aroma.

RUBS – GEWÜRZMISCHUNGEN FÜRS GRILLEN, BBQ UND SMOKEN

Rubs sind Trockengewürzmischungen, die ihren Ursprung in der BBQ-Szene haben. Das Fleisch wird meist einen Tag vor der Zubereitung gewürzt, damit sich die Aromen über Nacht mit dem Fleisch verbinden können. Am Beispiel eines Schweineschulterstücks, aus dem Pulled Pork wird, zeige ich euch, wie ihr Rubs verwendet. Ihr könnt entweder fertige Rubs verwenden (die Firma Hela hat hier ein breites Angebot) oder eure Rubs selbst mischen – Anregungen findet ihr im Kapitel „Grillen, BBQ, Smoken".

1 Schweineschulterstück und Pulled Pork BBQ Rub von der Firma Hela.

2 Alle vier Seiten ...

3 ... des Fleischstücks kräftig ...

4 ... mit der Gewürzmischung bestreuen.

5 Das mit dem Pulled Pork BBQ Rub gewürzte Schulterstück.

6 Die Schweineschulter über Nacht zugedeckt im Kühlschrank marinieren lassen – dann kann das Grillen oder Smoken beginnen.

HERKUNFT UND HANDHABUNG VON KRÄUTERN UND GEWÜRZEN

GETROCKNETES SELLERIEPULVER, ZWIEBELPULVER, KNOBLAUCHPULVER UND SENFPULVER eignen sich sehr gut zum Mischen von Rubs. Der Grund: Frische Zutaten würden beim Garen oder Smoken über längere Zeit das Aroma nicht so gut halten.

ANIS
Herkunft: Kleinasien, Griechenland, Ägypten
Handhabung: gemahlen oder im Ganzen

BASILIKUM
Herkunft: tropisches Indien, südliches Asien
Handhabung: frisch oder getrocknet

BEIFUSS
Herkunft: Nordafrika, Frankreich, Balkan
Handhabung: frisch oder getrocknet

CHILI
Herkunft: Südamerika, Südostasien, Indien
Handhabung: frisch oder getrocknet, als Flocken oder gemahlen

DILL
Herkunft: Südeuropa, Russland, Asien, Ägypten
Handhabung: frisch

ESTRAGON
Herkunft: Mongolei, Süd- und Ostrussland, Mittelmeerraum, Nordamerika
Handhabung: frisch oder getrocknet

INGWER
Herkunft: Tropen und Subtropen, wird inzwischen auch in Deutschland angebaut
Handhabung: frisch, eingelegt oder getrocknet

KARDAMOM
Herkunft: Vorderindien
Handhabung: gemahlen

KERBEL
Herkunft: Südosteuropa, Westasien, Südrussland
Handhabung: frisch

KORIANDER
Herkunft: Nordafrika, Vorder- und Westasien
Handhabung: frisch oder getrocknet

KÜMMEL
Herkunft: Europa, Asien, Nordamerika
Handhabung: ganz oder gemahlen

LAVENDEL
Herkunft: Südwesteuropa
Handhabung: frische oder getrocknete Blüten

LIEBSTÖCKEL
Herkunft: Europa, Nordamerika, Iran
Handhabung: frisch oder getrocknet

LORBEERBLÄTTER
Herkunft: Mittelmeerraum
Handhabung: getrocknet oder frisch

MACIS (MUSKATBLÜTE)
Herkunft: Indien
Handhabung: gemahlen

MAJORAN
Herkunft: Mittelmeerraum, Nordafrika, Vorderindien, Südwestasien
Handhabung: getrocknet

MINZE
Herkunft: Asien, Mittelmeer, Nordeuropa
Handhabung: frisch und getrocknet

MUSKATNUSS
Herkunft: Südostasien, Inselwelt des stillen Ozeans
Handhabung: gemahlen

NELKEN
Herkunft: Südostasien
Handhabung: gemahlen

PAPRIKA
Herkunft: Mittelamerika, Brasilien
Handhabung: gemahlen oder getrocknet als Flocken, edelsüß, Rosenpaprika, geräucherter Paprika

PETERSILIE
Herkunft: Europa, südöstlicher Mittelmeerraum
Handhabung: frisch

WEISSER PFEFFER
Herkunft: Südostasien, Westafrika
Handhabung: gemahlen

SCHWARZER PFEFFER
Herkunft: Südostasien, Westafrika
Handhabung: gemahlen oder grob zerstoßen

GRÜNER PFEFFER
Herkunft: Südostasien, Westafrika
Handhabung: grob gehackt oder im Ganzen

ANDALIMAN-PFEFFER (INDONESISCHER ZITRUS-PFEFFER AUS DER FAMILIE DES SICHUAN-PFEFFERS)
Herkunft: Sumatra
Handhabung: gemahlen

PIMENT
Herkunft: Jamaika, Mittelamerika
Handhabung: gemahlen

ROSMARIN
Herkunft: Mittelmeerländer
Handhabung: frisch oder getrocknet, gemahlen oder als Nadeln

SAFRAN
Herkunft: Iran, Indien, Europa
Handhabung: ganz oder gemahlen

SALBEI
Herkunft: Mittelmeerländer
Handhabung: gemahlen oder grob zerstoßen

SCHNITTLAUCH
Herkunft: Europa, Asien, Nordamerika
Handhabung: frisch

SENFSAMEN
Herkunft: Europa
Handhabung: ganz oder gemahlen

THYMIAN
Herkunft: Mittelmeerländer, Osteuropa
Handhabung: frisch oder getrocknet, gemahlen oder im Ganzen

WACHOLDER
Herkunft: Europa
Handhabung: fein gehackt, grob gehackt oder im Ganzen zum Räuchern

ZIMT
Herkunft: Ceylon, China
Handhabung: gemahlen

Zerlegen und Tranchieren

Beim Tranchieren macht Übung den Meister. Wichtig ist, dass ihr zügig und sorgsam arbeitet. In den Fotos zeige ich euch Schritt für Schritt meine Techniken.

WELCHE UNTERLAGEN VERWENDET MAN ZUM TRANCHIEREN?

Am besten eignet sich ein Holzbrett mit einer Rille, damit der Fleischsaft aufgefangen wird.

WELCHES MESSER KOMMT ZUM EINSATZ?

Fürs Zerlegen, Tranchieren und Parieren können spezielle Messer hilfreich sein: Ein kurzes Messer mit breiter Klinge ist gut geeignet für Fleischstücke mit Knochen. Damit kann man zum Beispiel bei einem Lammkarree die Rippenknochen durchtrennen oder die Keulen bei einem Huhn zerteilen. Für Krusten sollte man ein Zackenmesser benutzen, damit die Kruste nicht bricht oder sich durch den Druck vom Fleisch löst. Um Braten zu schneiden, verwendet man ein langes, scharfes Kochmesser.

WIE SCHNEIDE ICH FLEISCH?

Es gibt nur eine Regel: Fleisch schneidet man immer quer zur Faser, so bleibt es zart und es tritt nur wenig Fleischsaft aus. Schneidet man es dagegen mit der Faser, wird es zäh, egal wie es zubereitet wurde.

„Eigentlich hilft nur üben, üben und nochmals üben. Je mehr man sich mit dem Thema Tranchieren beschäftigt, umso besser läuft es."

PARIEREN

Beim Parieren werden Sehnen, Silberhaut und Fett mit einem schmalen, flexiblen Messer vom Fleisch entfernt, sodass das zarte Muskelfleisch übrigbleibt. Wird Fleisch, das man zum Kurzbraten verwenden will – zum Beispiel Filet, Rücken, Hüfte, falsches Filet, Flat Iron Steak, Reh- und Hirschrücken – nicht pariert, führen die Sehnen und die Silberhaut dazu, dass sich das Fleisch schlecht schneiden und kauen lässt. Aber auch beim Schmoren kann sich Fleisch, bei dem die äußeren dicken Sehnen nicht entfernt wurden, verbiegen; das ist zum Beispiel bei Ossobuco und beim Tafelspitz der Fall.

SCHWARTE EINSCHNEIDEN FÜR EINEN KRUSTENBRATEN

Um eine schöne Kruste zu bekommen, schneidet man die Schwarte mit einem scharfen Messer oder einem Skalpell bis zum Fett ein. Schneidet auf keinen Fall ins Fleisch, da sonst beim Braten Saft ausläuft und das Fleisch trocken wird.

1 Die Schwarte des Krustenbratens etwa 2 mm tief einschneiden.

2 Dies parallel im Abstand von etwa 1 cm wiederholen.

3 Braten um 45 Grad drehen und den Vorgang wiederholen.

4 Fertig eingeschnittener Krustenbraten.

GEFÜLLTER SCHWEINEBAUCH

Hier zeige ich euch, wie ihr eine Tasche in einen Schweinebauch schneidet, um ihn zu füllen. Nach diesem Prinzip könnt ihr auch andere große Fleischstücke fürs Füllen vorbereiten.

1 Ihr benötigt ein Messer, scharf und so lang, wie die Tasche tief werden soll.

2 In der Mitte des Bauches schneidet ihr quer und gleichmäßig die Tasche.

3 Hier der eingeschnittene Schweinebauch …

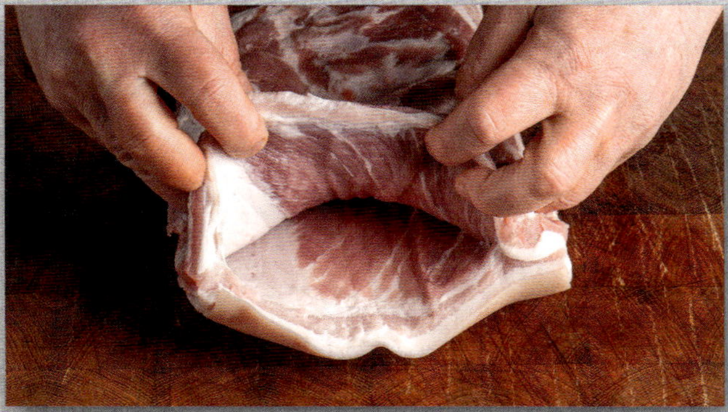

4 … und die fertige Tasche.

5 In diese Tasche kommt die Füllung.

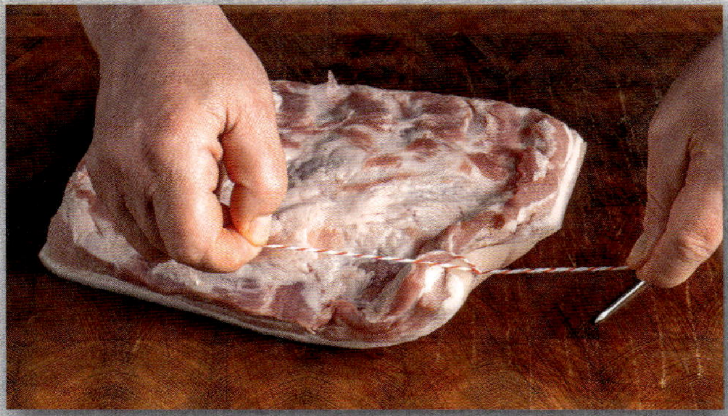

6 Dann wird der Schweinebauch mit Nadel und Bratenschnur zusammengenäht.

GEFÜLLTE SPANFERKELKEULE

Natürlich kann der Metzger eures Vertrauens eine Spanferkelkeule fürs Füllen vorbereiten. Wenn ihr das selbst machen wollt, zeige ich euch, wie die Knochen ausgelöst werden und wie die Keule gefüllt wird. Auf dieselbe Art und Weise lassen sich auch Lammkeulen, Rehkeulen oder Ziegenkeulen füllen.

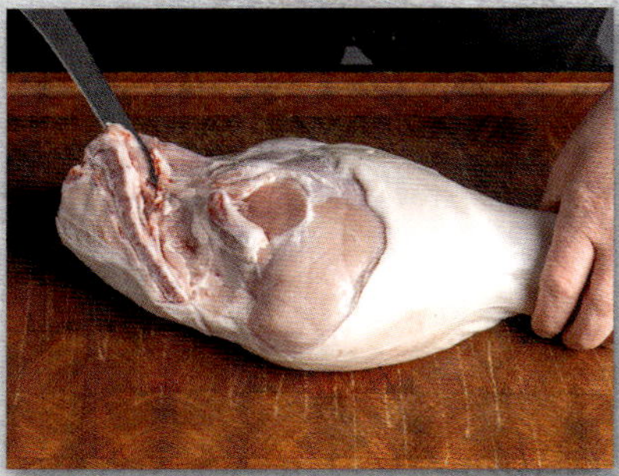

1 Den Schwanzknochen vom Beckenknochen (Schlossknochen) lösen.

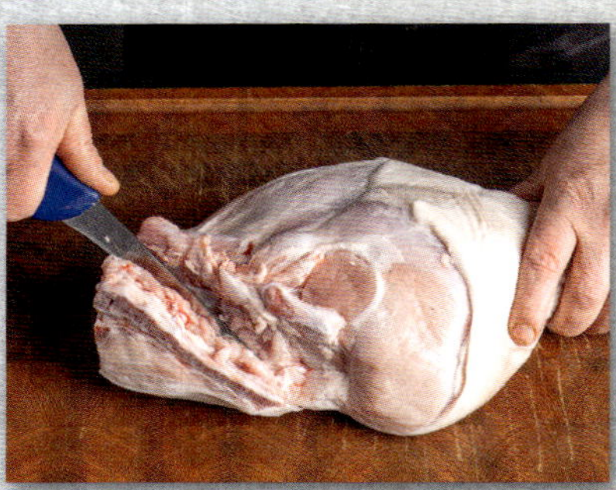

2 Der gelöste Schwanzknochen, auch „Feder" genannt.

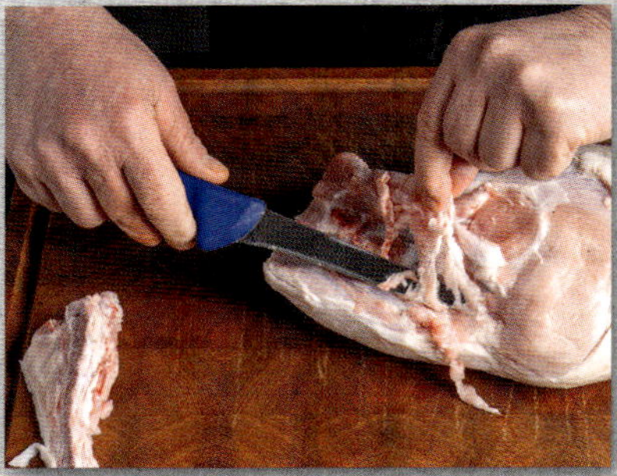

3 Aus der „Feder" das Fledermausstück für die Füllung herausschneiden.

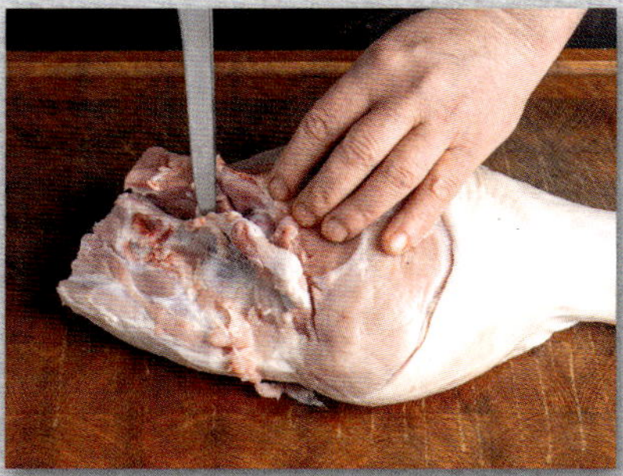

4 Den Schlossknochen mit dem Messer lösen.

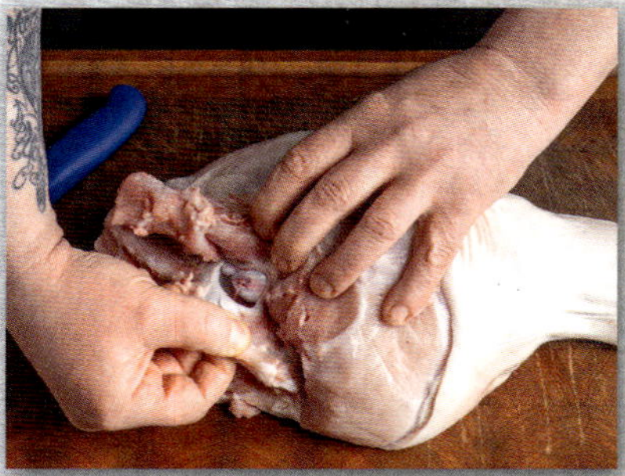

5 Das Gelenk zwischen Schlossknochen und Oberschenkelknochen lösen ...

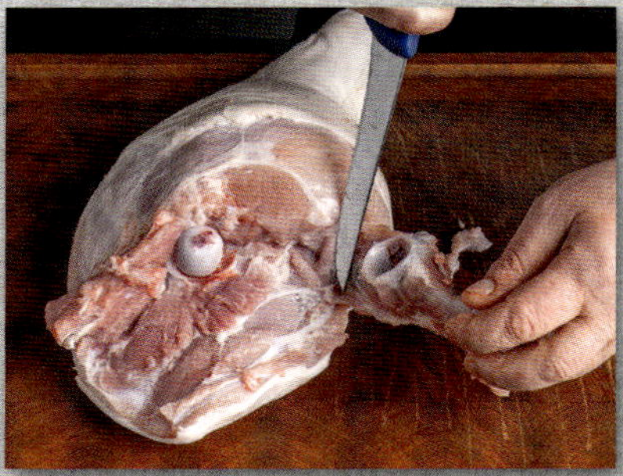

6 ... und den Schlossknochen herausschneiden.

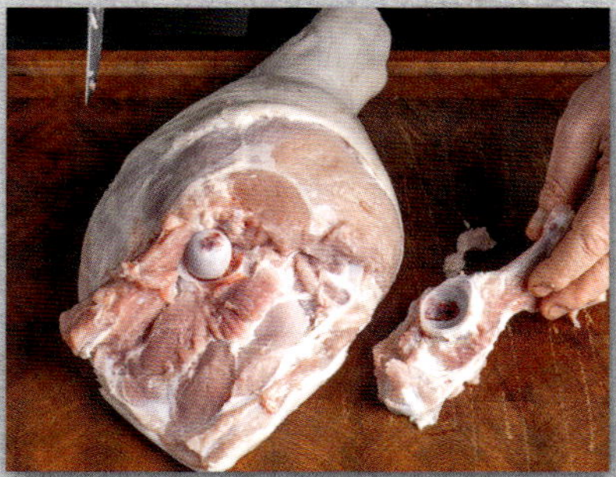

7 Der ausgelöste Schlossknochen.

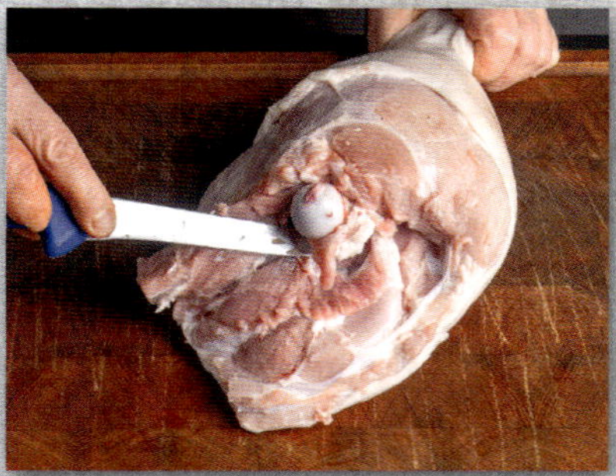

8 Rund um das Gelenk am Oberschenkelknochen schneiden und dann ...

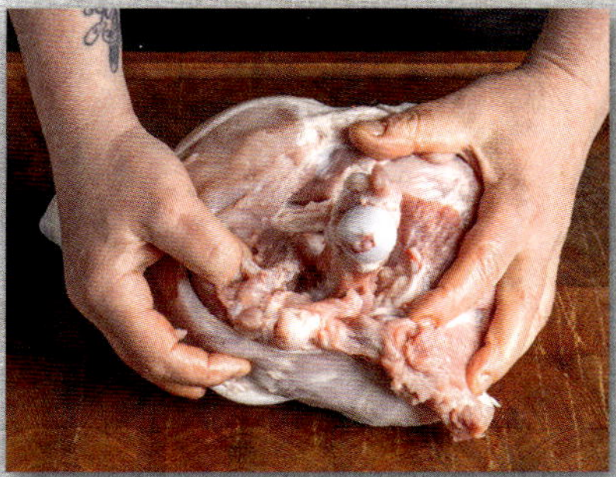

9 ... das Fleisch bis zum Unterschenkel vom Knochen lösen.

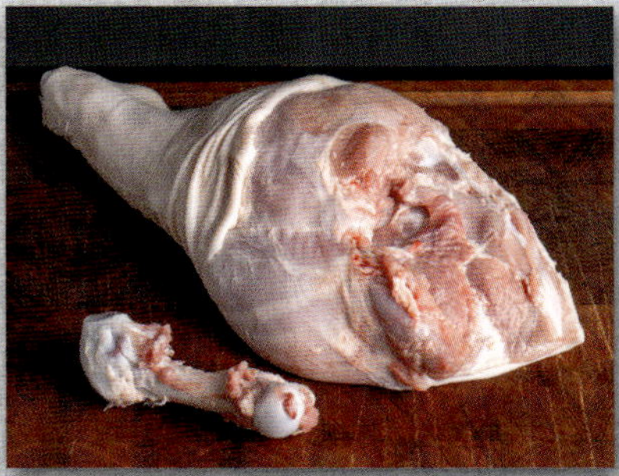

10 Der herausgeschnittene Oberschenkelknochen.

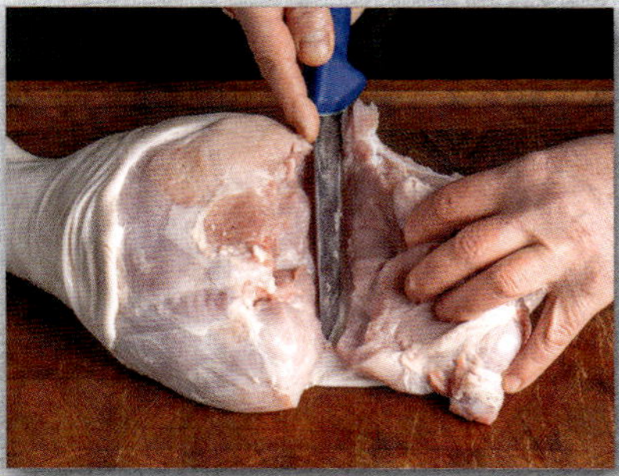

11 Die Hüfte bis zur Schwarte einschneiden, aber nicht durchschneiden.

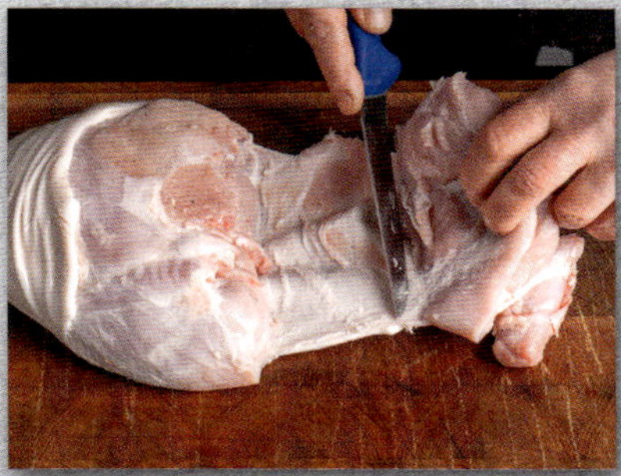

12 Die Hüfte vorsichtig von der Schwarte trennen.

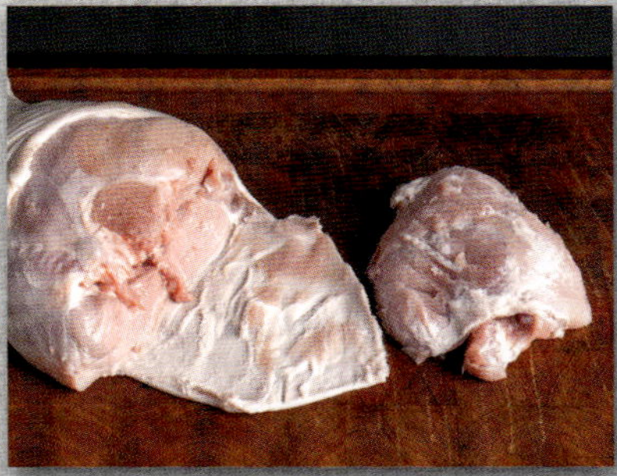

13 Links die ausgelöste Keule, rechts die Hüfte für die Füllung.

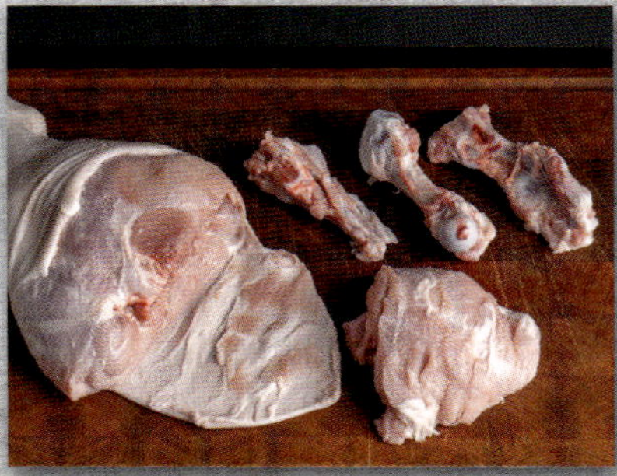

14 Keule, Hüfte, Schlossknochen, Oberschenkelknochen, Schwanzknochen.

15 Die Füllung in die Tasche geben.

16 Die Schwarte von der Hüfte hochziehen ...

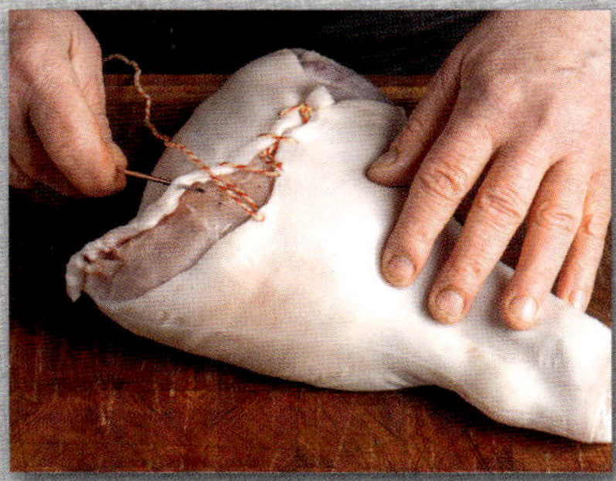

17 ... und die Schwarten rundum mit Bratenschnur zusammennähen.

18 Fertig ist die gefüllte Keule, bereit für den Ofen oder den Grill.

RINDERFILET FÜR EINEN LUNGENBRATEN VORBEREITEN

Ein Lungenbraten hat nichts mit der Innerei Lunge zu tun. Ein Lungenbraten ist ein Rinderfilet, das flach aufgeschnitten, dann gefüllt und zusammengerollt und schließlich in Rotwein geschmort wird.

1 Das parierte Mittelstück eines Rinderfilets.

2 Mit einem langen Messer 1,5 cm unterhalb der Oberkante ansetzen.

3 Das Rinderfilet aufschneiden, jedoch nicht ganz durchschneiden.

4 Das aufgeschnittene Rinderfilet aufklappen und um 180° drehen.

5 Die dickere Seite des Filets quer aufschneiden, auch hier nicht ganz durchschneiden.

6 Das aufgeschnittene Rinderfilet ist bereit für die Füllung.

7 Die Füllung mit einer Palette auf das Fleisch streichen, dabei am Rand 1 cm freilassen.

8 Das Rinderfilet mit festem Druck gleichmäßig einrollen.

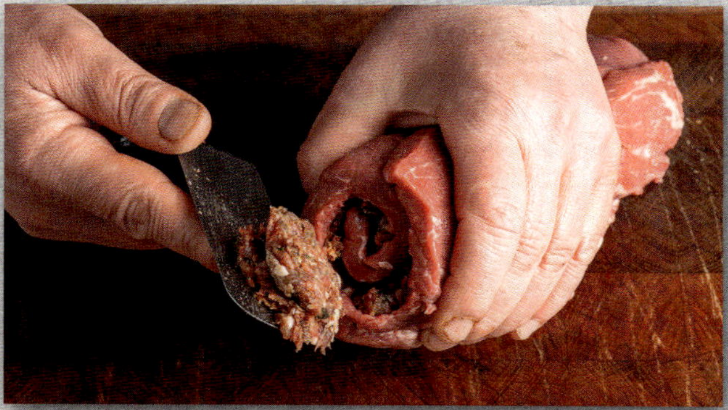

9 Die Enden des Filets mit der Füllung verschließen.

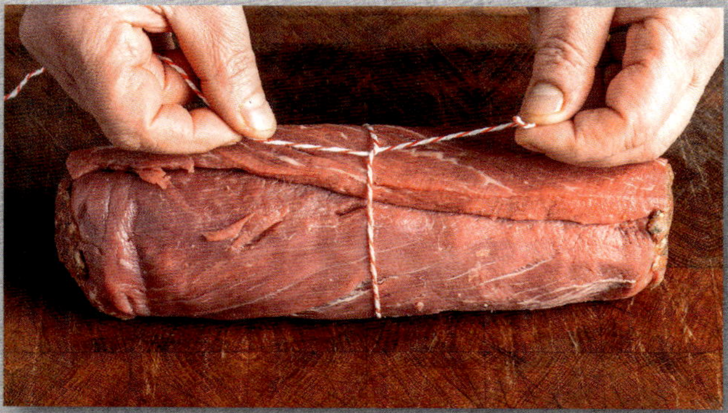

10 Das Rinderfilet mit Bratenschnur zuerst in der Mitte zusammenbinden.

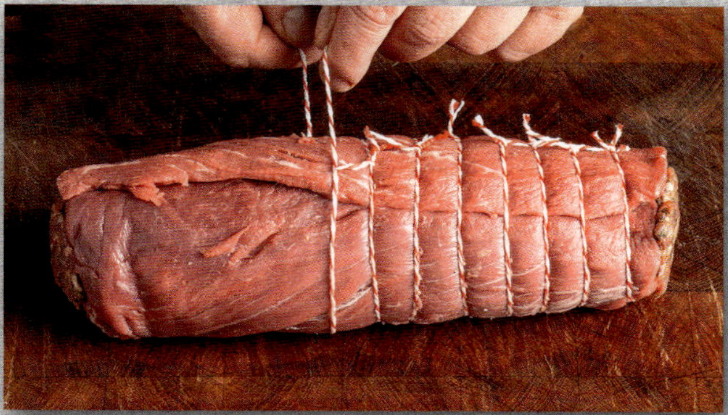

11 Dann die Filetrolle in gleichmäßigen Abständen binden.

12 Der gefüllte und gerollte Lungenbraten, bereit fürs Schmoren.

OCHSENSCHWANZ AUSLÖSEN

Das Auslösen eines Ochsenschwanzes erfordert Geduld und ein scharfes Ausbeinmesser. Aber das Ergebnis, der gefüllte Ochsenschwanz, lohnt jede Mühe.

Diese Utensilien benötigt ihr: Ochsenschwanz, Schweinenetz, Füllung, Bratenschnur, Ausbeinmesser.
Wie man den Ochsenschwanz füllt, erfahrt ihr auf Seite 34.

1 Die vorbereiteten Utensilien

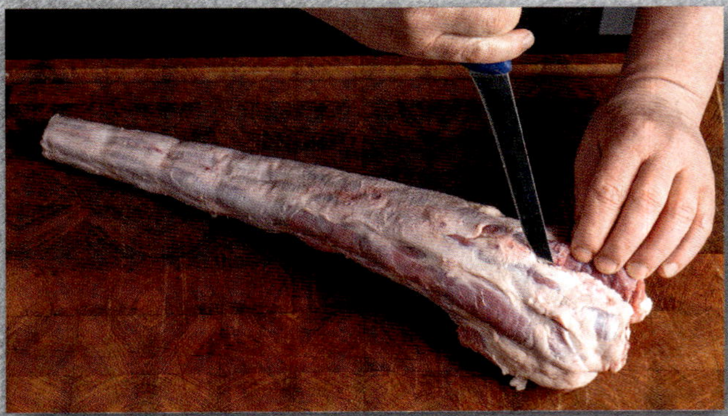

2 Auf der Oberseite entlang der Wirbel das Fleisch lösen.

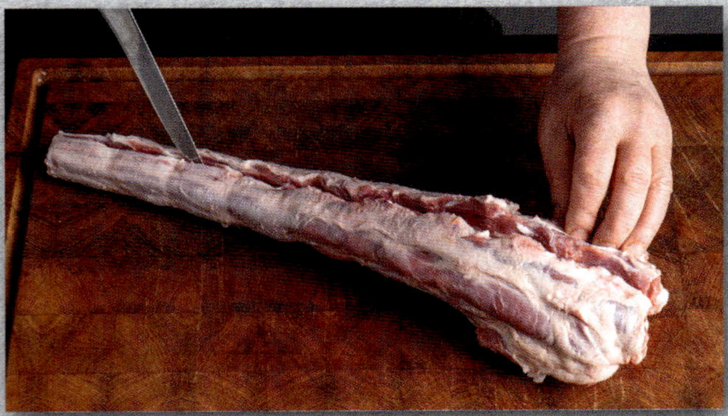

3 Auf einer Seite die Wirbel bis zum Schwanzende lösen ...

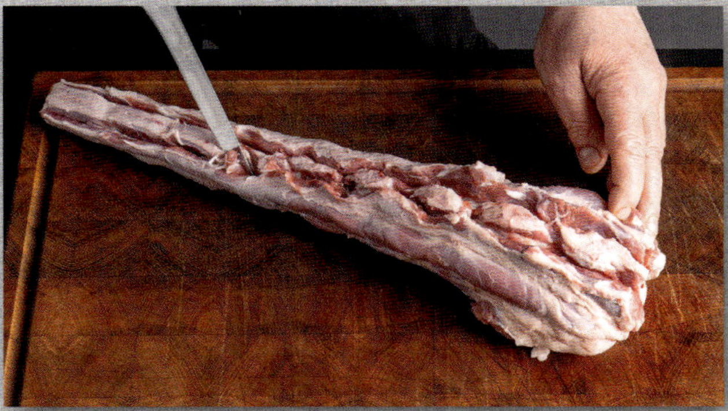

4 ... dann ebenso auf der anderen Seite.

5 Entlang der Wirbel auf beiden Seiten so viel Fleisch wie möglich vom Knochen schneiden.

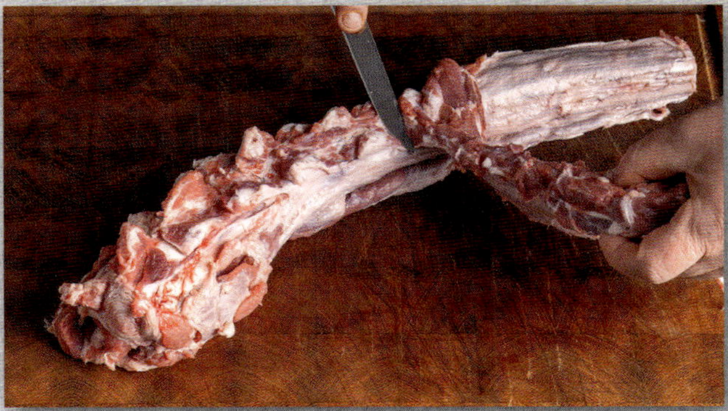

6 Das Fleisch auf einer Seite vom Knochen abschneiden.

7 Die erste losgelöste Schwanzhälfte.

8 Die zweite Schwanzhälfte wird ebenso vom Knochen geschnitten.

9 Der ausgelöste Schwanz mit Knochen und den zwei Schwanzhälften.

OCHSENSCHWANZ FÜLLEN

1 Die Hälften versetzt mit der Außenseite (!) nach oben zu einem Rechteck legen.

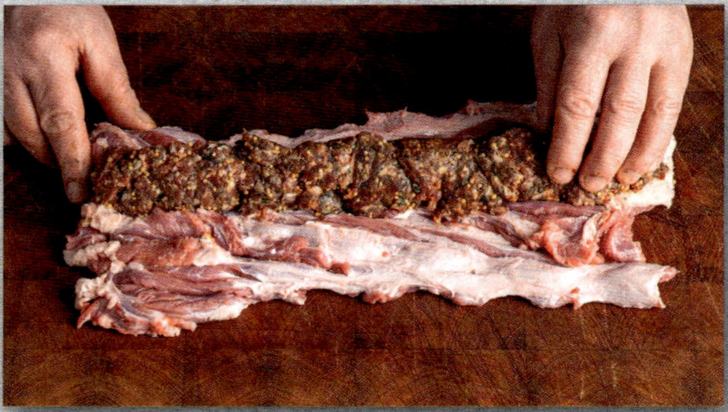

2 Die Füllung auf dem Fleisch verteilen.

3 Den Schwanz mit festem Druck straff einrollen.

4 Den gefüllten und gerollten Ochsenschwanz …

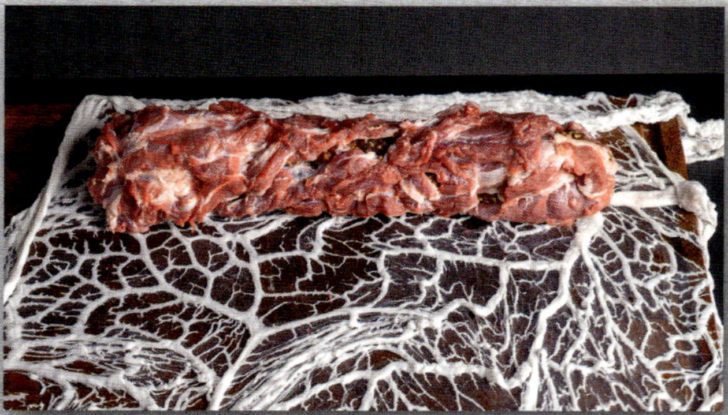

5 … auf das Schweinenetz legen.

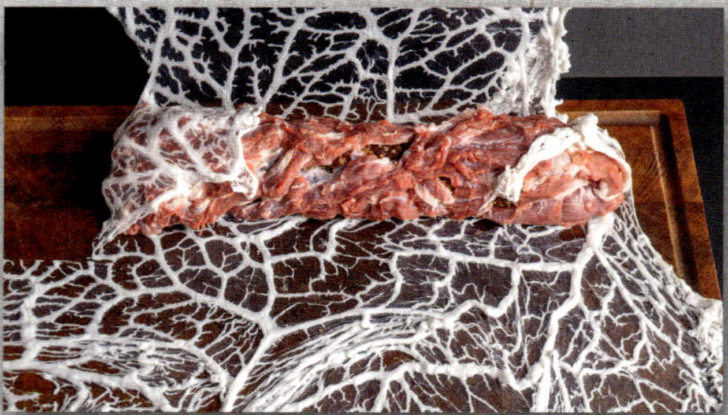

6 Zunächst die Seiten des Schweinenetzes über das Fleisch schlagen.

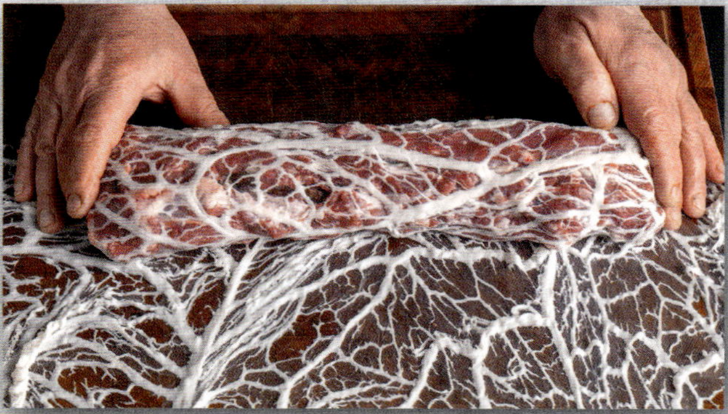

7 Den Schwanz mindestens zweimal in das Netz einrollen.

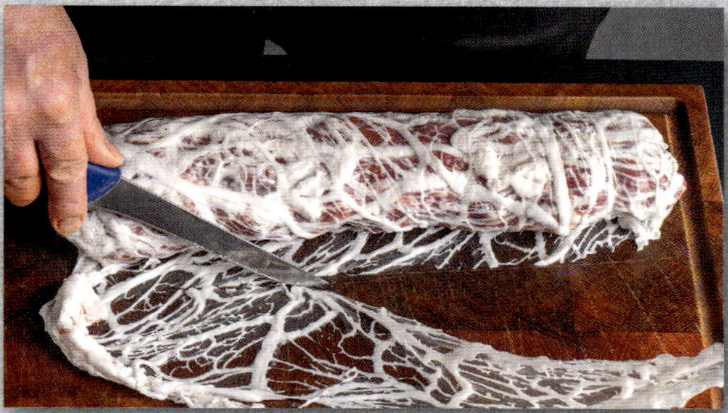

8 Das überschüssige Schweinenetz abschneiden.

9 Die Rolle zuerst in der Mitte mit Bratenschnur zusammenbinden.

10 Die Bratenschnur in gleichmäßigen Abständen um den Schwanz binden.

11 Zum Schluss der Länge nach binden.

12 Der gefüllte Ochsenschwanz ist bereit zum Anbraten und Schmoren.

GANZEN LAMMRÜCKEN AUSLÖSEN

Auf dieselbe Art und Weise können Kaninchenrücken, Spanferkelrücken oder Rehrücken ausgelöst werden. Wie man den Lammrücken füllt, erfahrt ihr auf Seite 38.

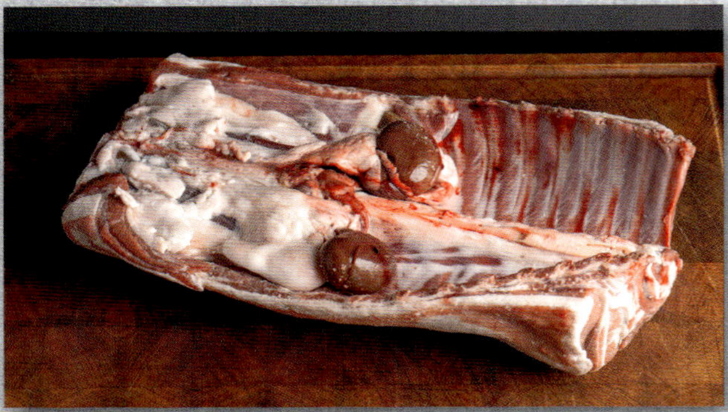

1 Ganzer Lammrücken mit Nieren, Nierenfett und Filet.

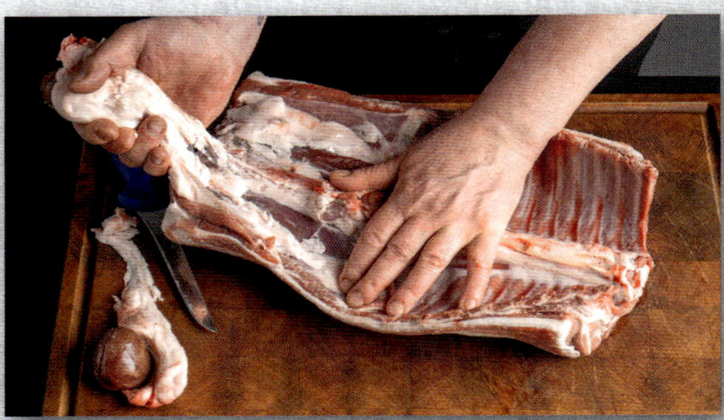

2 Zuerst das Nierenfett mit den Nieren vom Rücken abziehen.

3 Das restliche Fett vom Rücken lösen.

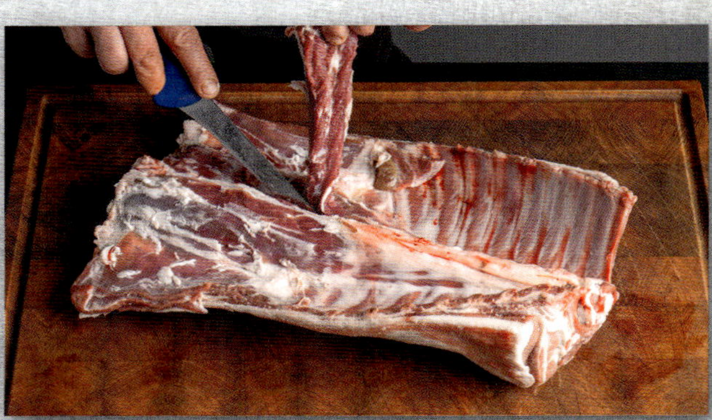

4 Die Lammfilets lösen und herausschneiden.

5 Die Rippen vorsichtig anschneiden und das Häutchen ...

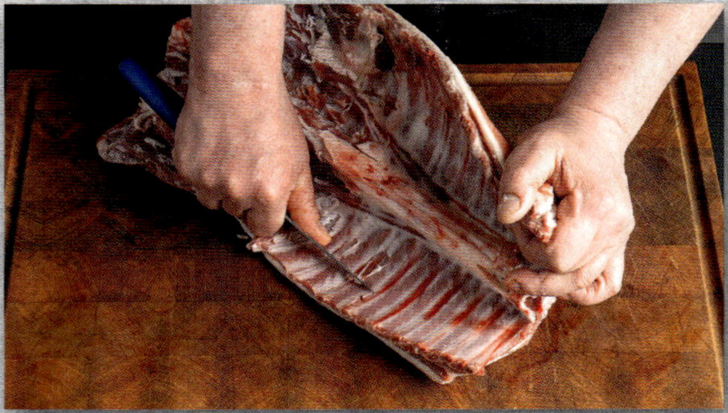

6 ... an der Oberfläche der Rippen mit dem Messer herunterkratzen.

7 Mit dem Messerrücken das Fleisch zwischen den Rippen herunterdrücken.

8 Mit einer Schlinge aus Bratenschnur die Rippen vom Rücken lösen.

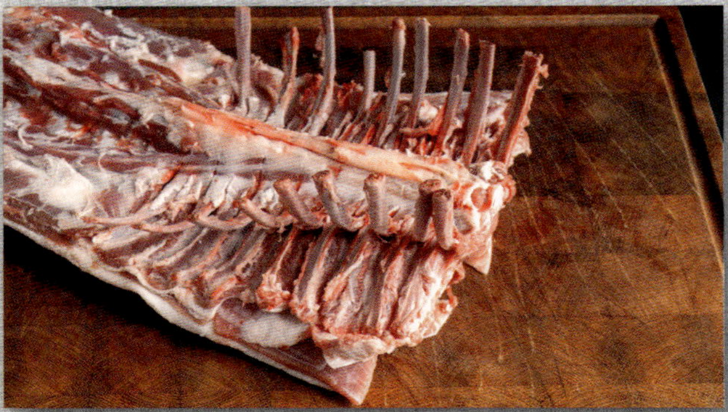

9 Die gelösten Rippenknochen.

10 Unter den Rippen das Fleisch links und rechts der Wirbelsäule bis zum Mittelknochen einschneiden.

11 Den Rückenknochen vom Rücken schneiden.

12 Der ausgelöste Rücken und der Rückenknochen.

1 Fürs Füllen: angebratene Filets, Nieren, Füllung und Rosmarin.

2 Den Rücken, beginnend in der Mitte, mit der Füllung bestreichen.

3 Die Filets in die Mitte legen, daneben die geviertelten Nieren und, wenn vorhanden, die Hoden platzieren.

4 Den Rücken vorsichtig, aber straff zusammenrollen.

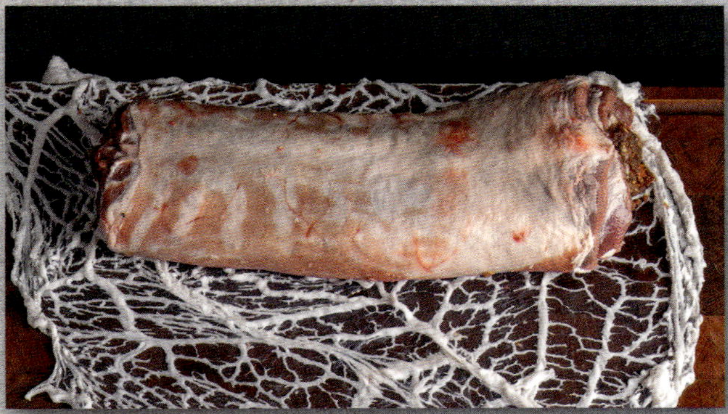

5 Den Rücken in ein Lamm- oder Schweinenetz einwickeln.

6 Rosmarin oder andere Kräuter auf den Rücken legen.

7 Ein zweites Mal ins Lamm- oder Schweinenetz einwickeln.

8 Zuerst zwei Mal der Länge nach, dann in der Mitte binden.

9 Die Bratenschnur in gleichmäßigen Abständen um die Lammrolle binden.

DAMWILDRÜCKEN PARIEREN

1 Damwildrücken, frisch vom Jäger.

2 Den Rücken auf beiden Seiten etwa einen Zentimeter tief einschneiden.

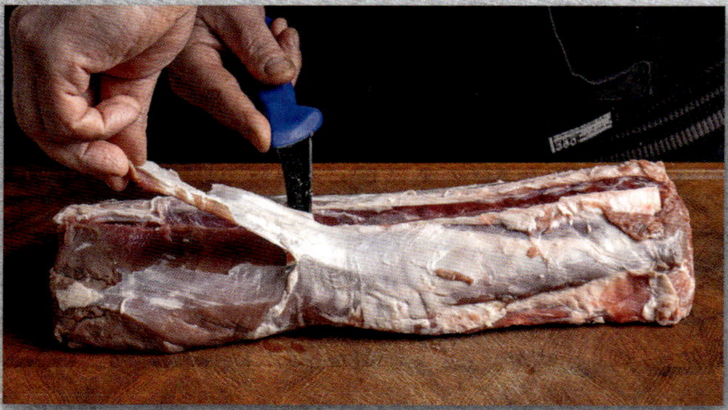

3 Mit einem scharfen Messer vorsichtig die Silberhaut vom Muskel lösen.

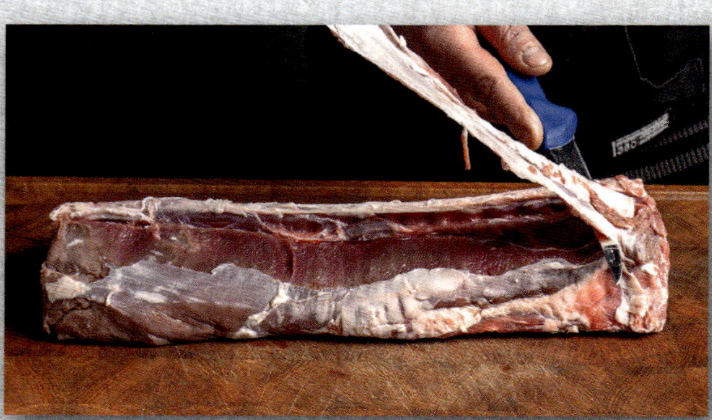

4 Die Silberhaut mit einem Schnitt vom Muskel abziehen, damit das Rückenfilet glatt wird.

5 So sieht der zur Hälfte parierte Damwildrücken aus.

6 Die zweite Seite wird ebenso pariert.

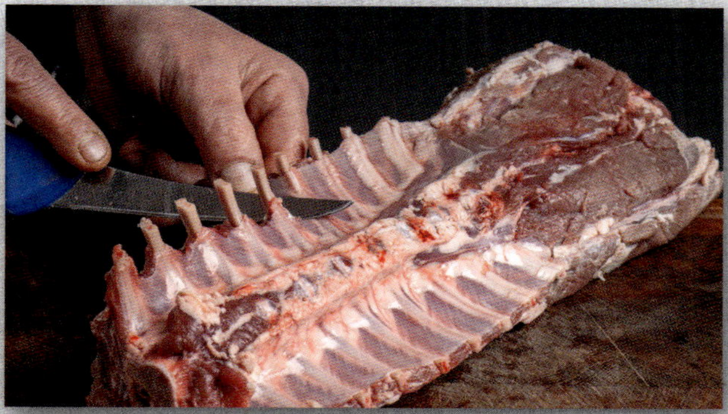

7 Wird der Rücken im Ganzen gebraten, legt man die Rippenknochen frei.

8 Das Filet herauslösen.

9 Das herausgelöste Filet.

10 Mit einem Sägemesser oder einer Geflügelschere werden die oberen Rückenknochen ...

11 ... bis auf die Höhe der Rückenfilets abgesägt. So liegen beide Rückenfilets in der Pfanne auf und der Rücken brät gleichmäßig.

12 Et voilà: Der Damwildrücken und die Filets sind zum Braten vorbereitet.

ROULADEN FÜLLEN UND WICKELN

Wir alle lieben die klassischen Rinderrouladen. Auf Seite 96 habe ich euch drei weitere Varianten für Rouladen mitgebracht, die ihr auf jeden Fall ausprobieren solltet.

Diese Zutaten benötigt ihr für eine klassische Roulade: Rouladenfleisch, leicht geräucherter Bauchspeck, Senf, Gewürzgurke, Karotte, Sellerie, Salz, angedünstete Zwiebel und Bratenschnur.

1 Die vorbereiteten Zutaten.

2 Rouladenscheibe mit Salz und Pfeffer würzen.

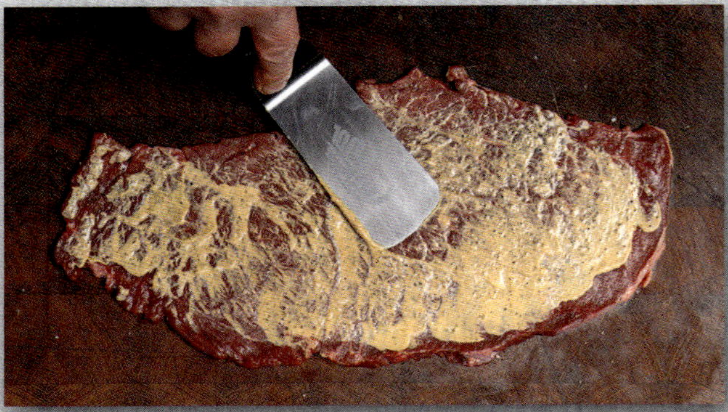

3 Kräftig mit mittelscharfem oder scharfem Senf bestreichen.

4 Drei Scheiben Bacon (leicht geräucherter Bauchspeck) in die Mitte legen.

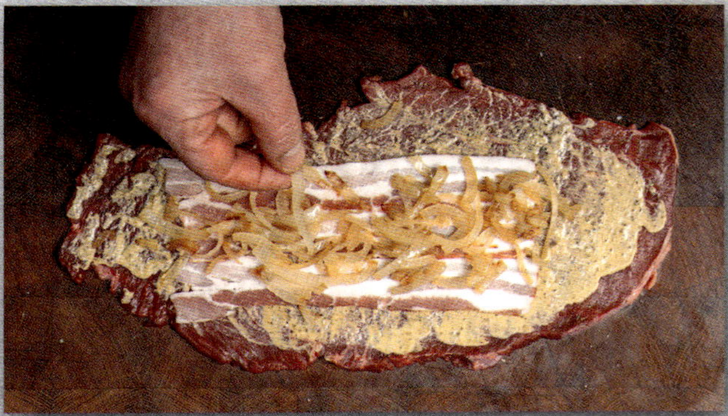

5 Darauf die gedünsteten Zwiebeln verteilen.

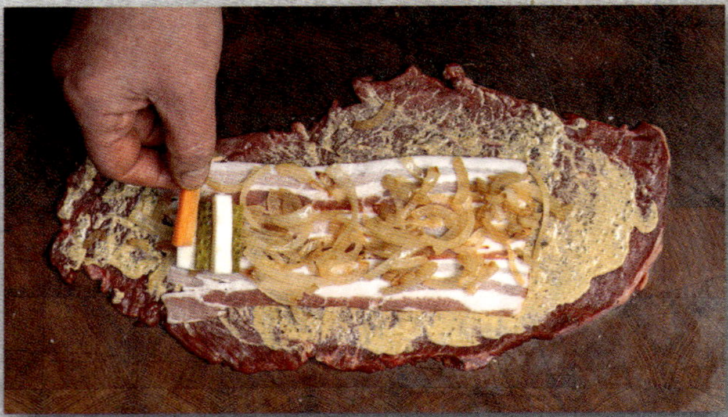

6 Streifen von Gewürzgurken, Karotten und Sellerie ans untere Ende legen.

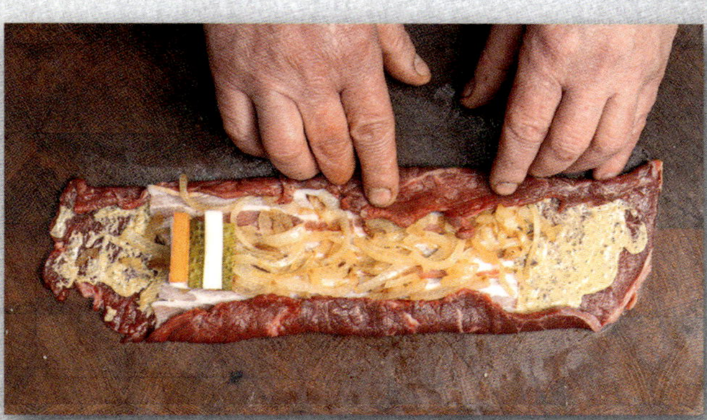

7 Die Ränder etwas einklappen, damit keine Füllung aus der Roulade fällt.

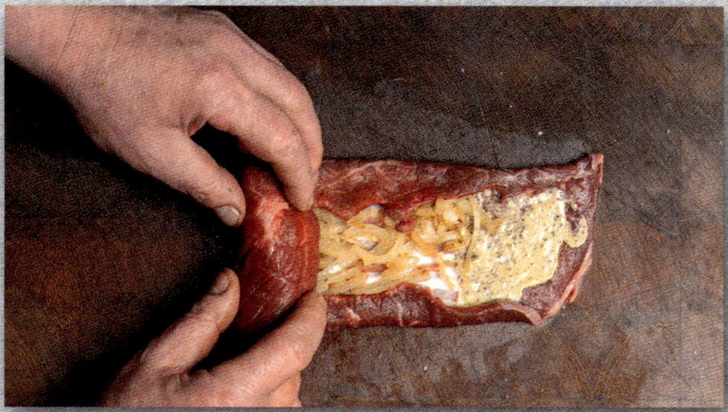

8 Die Rinderroulade gleichmäßig und fest zusammenrollen.

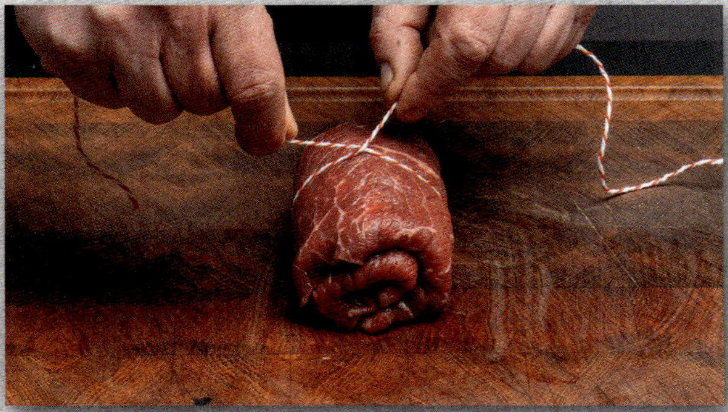

9 Bratenschnur in der Mitte der Roulade über Kreuz legen.

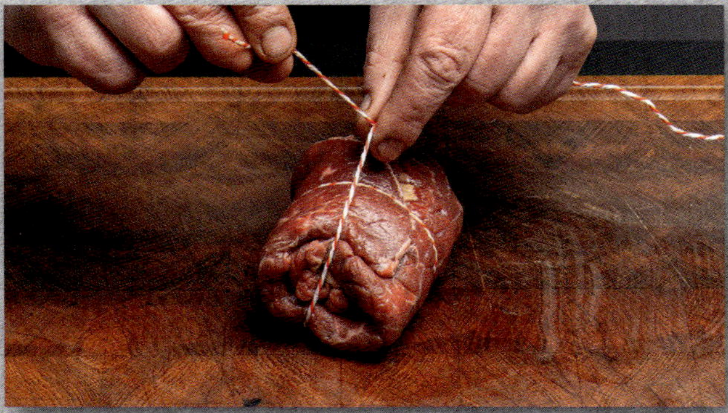

10 Die Bratenschnur der Länge nach um die Roulade legen, ...

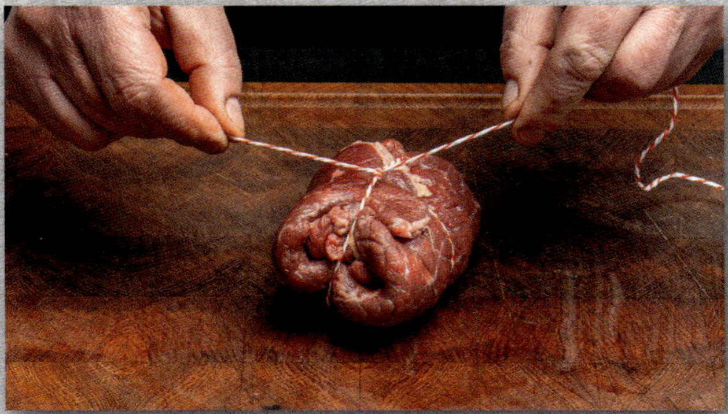

11 ... die Roulade umdrehen und zusammenknoten.

12 Die Rouladen warten darauf, geschmort zu werden!

GEFLÜGEL HOHL AUSLÖSEN

Es gibt zwei Möglichkeiten, Geflügel zu entbeinen und hohl auszulösen. Bei der ersten Methode wird das Geflügel von hinten so ausgelöst, dass die Haut nicht zerschnitten wird – ein sehr schwieriges Unterfangen. Die zweite etwas einfachere Möglichkeit zeige ich euch in den folgenden Bildern. Das so ausgelöste Geflügel könnt ihr füllen, als Rollbraten zubereiten, im Ganzen braten oder als Crispy Chicken frittieren.

1 Das ganze Geflügel mit Tranchiermesser und Holzbrett.

2 Zuerst die Flügel im Gelenk abschneiden.

3 Abgeschnittener Flügel.

4 Bürzel abschneiden.

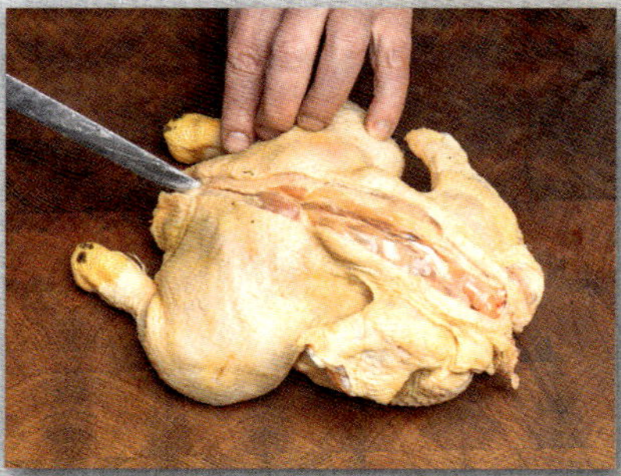

5 Am Rücken einen Längsschnitt machen.

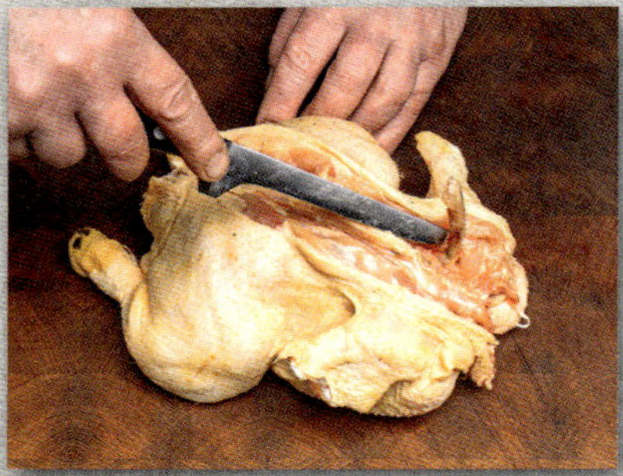

6 An der Brust den Brustknochen lösen.

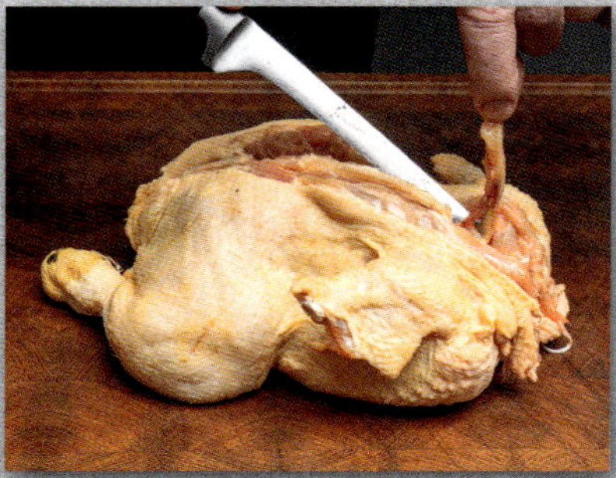

7 Gelöster Brustknochen.

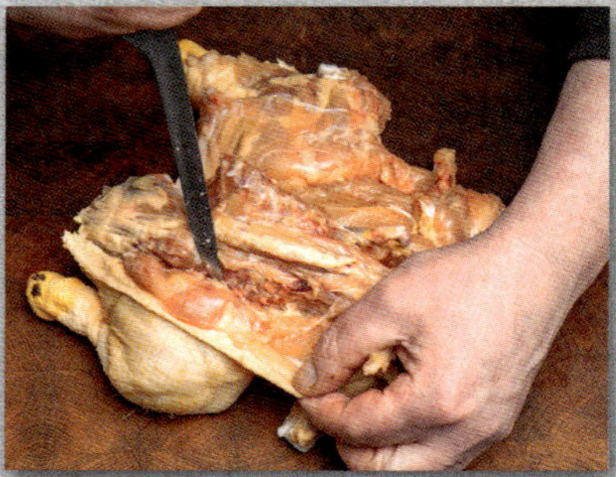

8 Vorsichtig links und rechts an der Karkasse entlang schneiden.

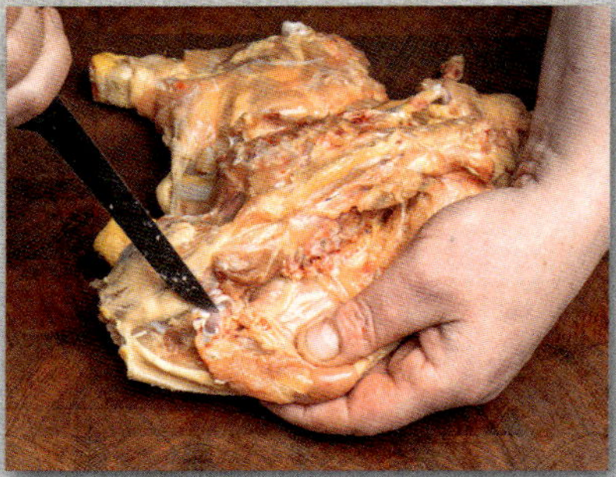

9 Die Keulen im Gelenk lösen.

10 An den Rippen der Brust entlang schneiden.

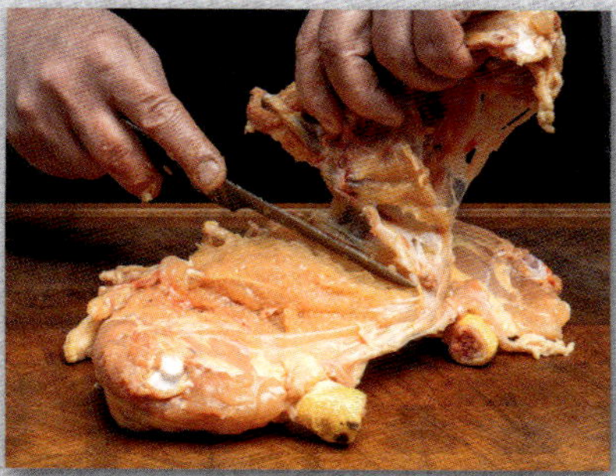

11 Brustkarkasse vorsichtig lösen und abschneiden.

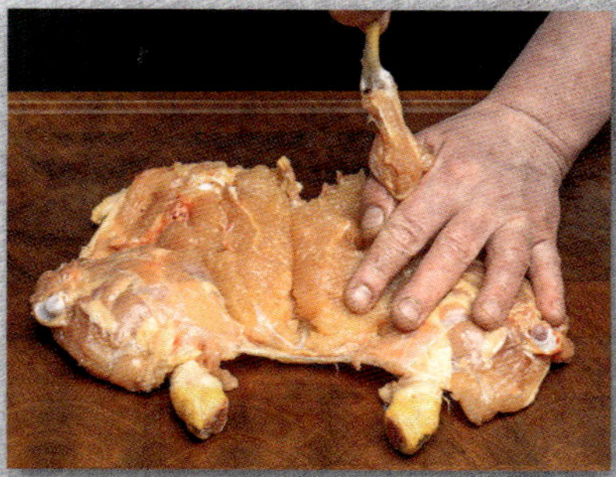

12 Geflügelknochen freilegen und herauslösen.

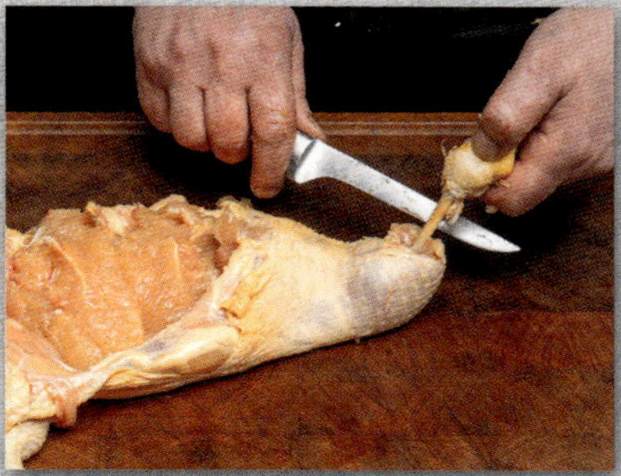

13 Den Keulenknochen von außen lösen.

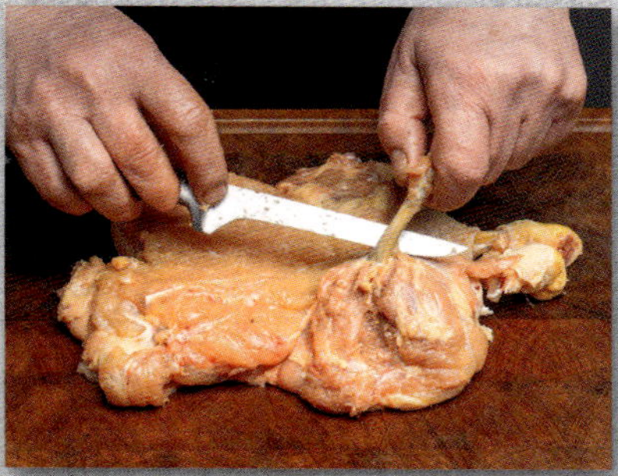

14 Den inneren Keulenknochen lösen.

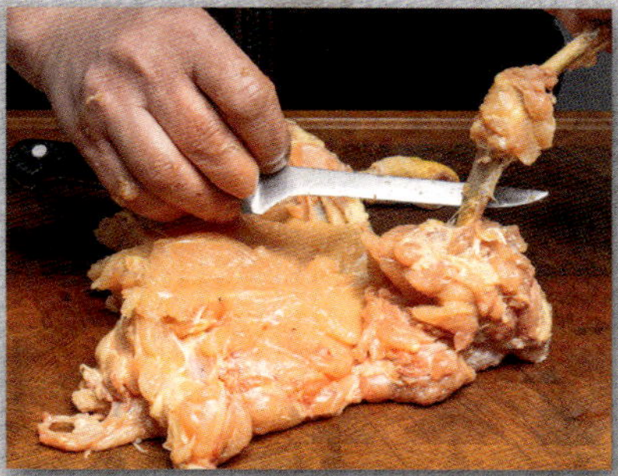

15 Den gesamten Keulenknochen nach innen ziehen.

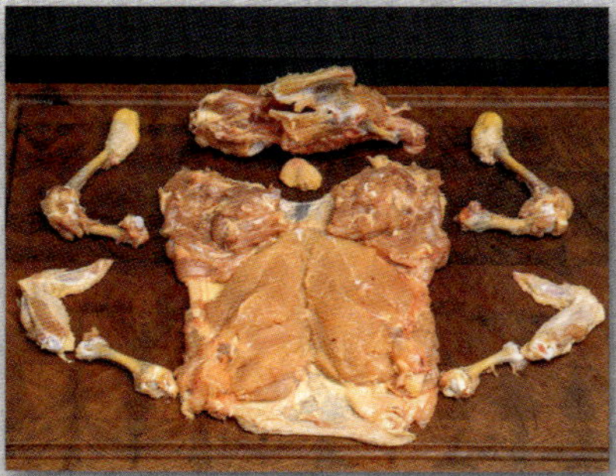

16 Das Geflügelfleisch und alle ausgelösten Knochen.

17 Das ausgelöste Geflügel ohne Knochen ...

18 ... bereit zum Füllen.

GEFLÜGEL UNTER DER HAUT FÜLLEN

Getrüffelte oder mit Kräutern gefüllte Poularde ist ein Gericht, das ich in Frankreich kennenlernen durfte und das mich heute noch begeistert. Unter die Haut des Geflügels werden Trüffelscheiben oder Kräuter geschoben. Gebraten oder in einer kräftigen Brühe gegart ist dieses Gericht kaum zu schlagen, da sich die Aromen aufs Beste mit dem Fleisch verbinden. Ihr könnt auch asiatische Aromen wie Ingwer, Koriander, Limette und Chili oder Waldpilze, Wildblumen und Kräuter unter die Haut geben. Ein Rezept für meine getrüffelte Poularde findet ihr auf Seite 168.

Zutaten und Utensilien: 1 Poularde, 100 g frische Kräuter, etwas Zitronen- und Orangenabrieb, Salz und Pfeffer, Bratenschnur

1 Die vorbereiteten Zutaten und Utensilien.

2 Federkiele ziehen.

3 Kleine Federkiele abflammen.

4 Abgeflammte Federkiele mit Küchenpapier abreiben.

5 Flügelspitzen abschneiden.

6 Bürzel abschneiden.

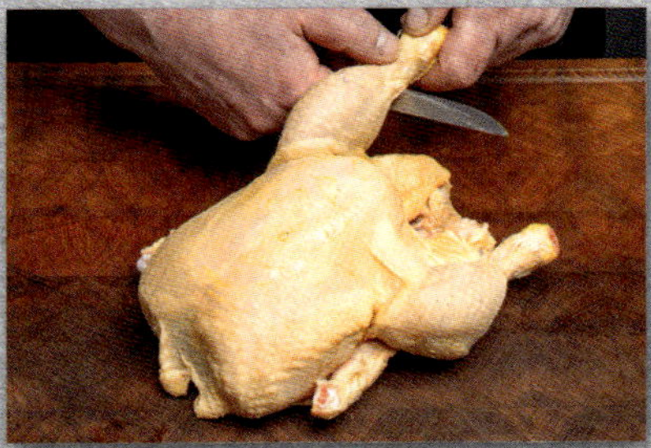

7 Die Keulenknochen um das Gelenk einschneiden.

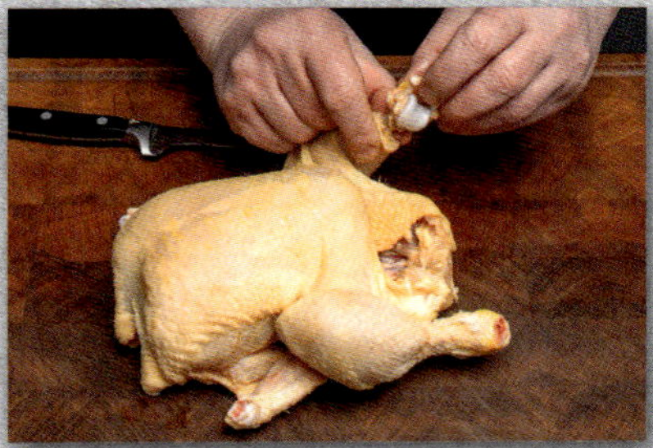

8 Gelenkknochen entfernen.

9 Entfernte Teile.

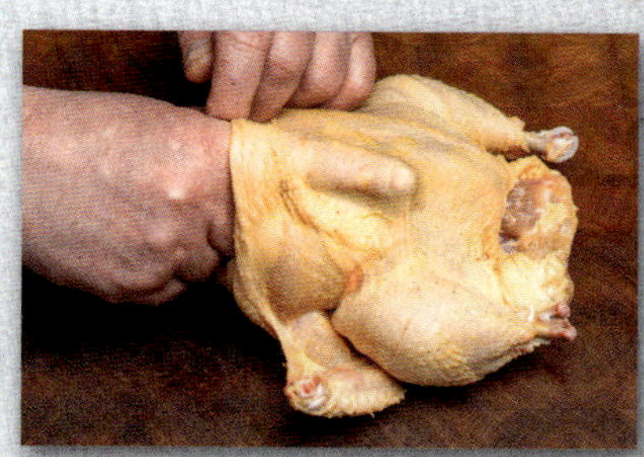

10 Die Haut von der Brustseite her mit dem Finger lösen.

11 Die Kräuter und den Abrieb der Zitrusfrüchte vorbereiten …

12 … und zusammen fein hacken.

13 Die gehackten Kräuter unter die Haut füllen …

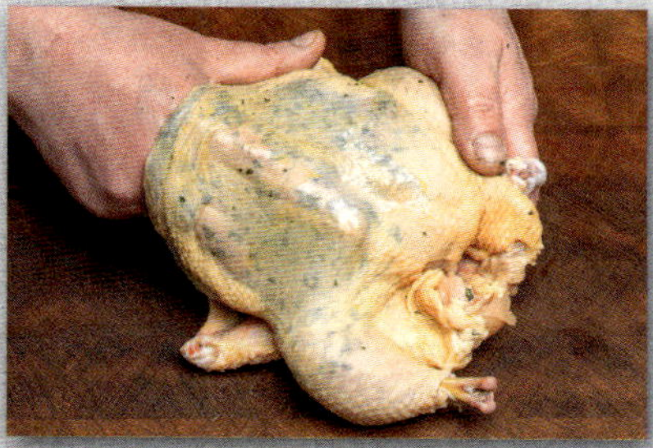

14 … und vorsichtig mit dem Finger um Brust und Keulen verteilen.

15 Die mit Kräutern gefüllte Poularde …

16 … von innen mit Salz und Pfeffer würzen.

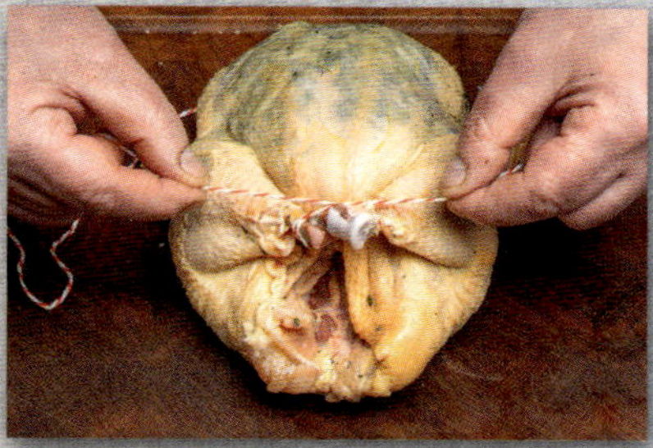

17 Die Keulenknochen mit Braten-schnur zusammenbinden …

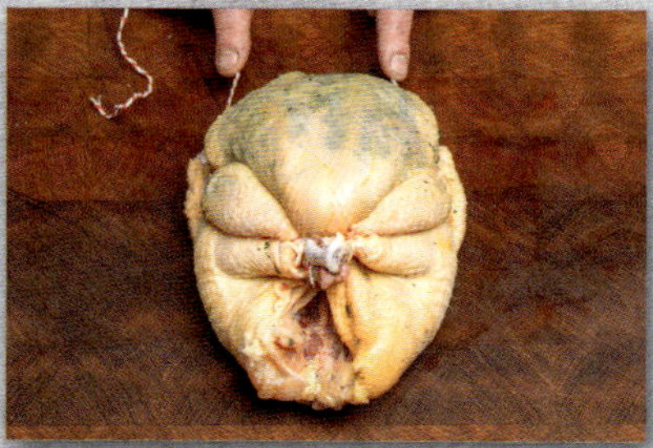

18 … die Schnur vorne zur Brust binden …

19 … Poularde umdrehen …

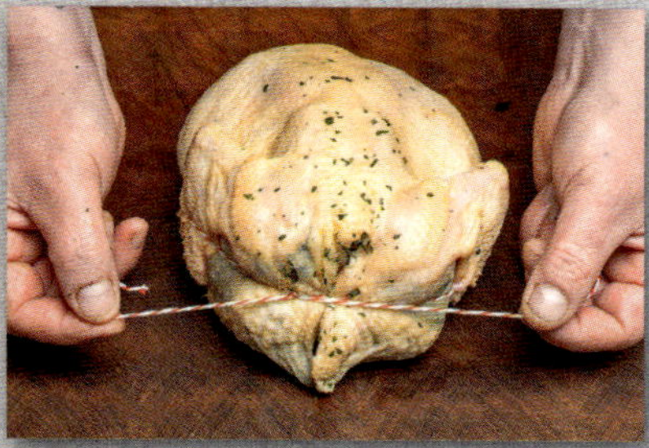

20 … und an der Brustseite zusammen-binden.

21 Fertig ist die mit Kräutern gefüllte Poularde – jetzt kann sie gebraten oder pochiert werden.

Fleisch im Teigmantel backen

Zartes Fleisch lässt sich sehr gut im Teig backen, sei es Blätterteig, Strudelteig, Salzteig oder Brotteig. Geeignet für diese Garmethode sind Filet, falsches Filet, Rücken, Schinken und Lachsschinken. Oft wird das Fleisch mit einer Farce ummantelt, um es saftig zu halten, oder in geräuchten Schinken oder in Speck eingeschlagen, um das Aroma zu intensivieren. Am Beispiel eines Schweinefilets im Blätterteigmantel zeige ich euch, wie ihr Fleisch im Teigmantel zubereitet. Viele weitere Rezepte zu diesem Thema findet ihr im Kapitel „Backen" ab Seite 172.

SCHWEINEFILET IM BLÄTTERTEIGMANTEL

Zutaten für ein Schweinefilet im Blätterteig: angebratenes Schweinefilet, Blätterteig, Spinatfarce, luftgetrockneter Bauchspeck und Eigelb

1 Die vorbereiteten Zutaten.

2 Den Bauchspeck auf Backpapier legen, um das Filet besser einzurollen.

3 Den Bauchspeck gleichmäßig mit der Farce einstreichen.

4 Das angebratene Schweinefilet quer zum Speck ans untere Ende legen.

5 Schweinefilet, Bauchspeck und Farce mit Hilfe ...

6 ... des Backpapiers zusammenrollen.

7 Blätterteig ausrollen und die Schweinefiletrolle auf den Teig legen.

8 Den Teig mit Eigelb, das mit Wasser vermischt wurde, bestreichen ...

9 ... und zusammenrollen.

10 Die Teigränder abschneiden ...

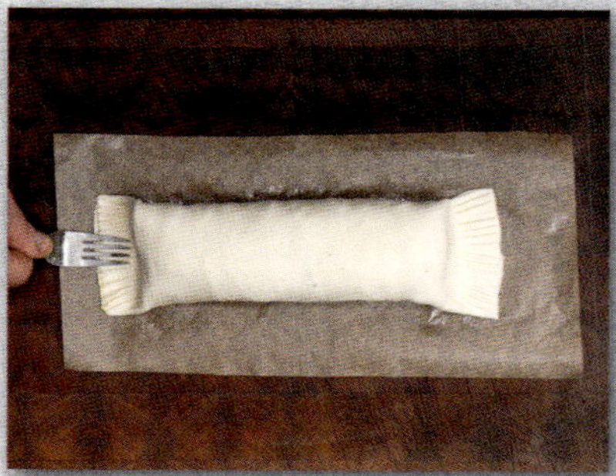

11 ... und mit einer Gabel eindrücken, damit der Teig gut zusammenhält.

12 Die Teigrolle mit Eigelb bestreichen ...

13 ... und fertig ist das Schweinefilet im Blätterteig, bereit für den Backofen.

GEBRATENEN REHRÜCKEN TRANCHIEREN

1 Gebratener Rehrücken.

2 Mit einem Messer das Filet bis zur Rippe einschneiden.

3 Die zweite Seite ebenfalls einschneiden.

4 Mit der Tranchiergabel und einem Löffel …

5 … das Rückenfilet vorsichtig von der Karkasse lösen.

6 Wenn der Garpunkt stimmt, ist dies ein Kinderspiel.

7 Herausgelöste Rückenfilets mit Karkasse.

8 Mit einem scharfen Messer die Filets in nicht zu dünne Scheiben schneiden.

9 Und hier der tranchierte Rehrücken mit den auf der Karkasse liegenden Rückenfilets.

GEFLÜGEL TRANCHIEREN

Ob Huhn, Poularde, Ente, Gans, Perlhuhn oder Taube – das Prinzip des Zerlegens ist bei allen Vögeln gleich. Hier zeige ich euch Schritt für Schritt, wie ich eine mit Kräutern gefüllte Poularde tranchiere.

1 Gebratene Poularde.

2 Die Keulen lösen.

3 Beide Keulen sind gelöst.

4 Beide Seiten der Brust am Brustknochen lösen.

5 Die erste Brust am Brustknochen entlang herauslösen ...

6 ... dann die zweite Brust.

7 Die erste Keule von der Karkasse lösen, dann die zweite.

8 An den Brüsten die Flügelknochen abschneiden.

9 Die Brüste aufschneiden.

10 Die Keulen am Gelenk in Ober- und Unterkeule trennen.

11 Die tranchierten Keulen ...

12 ... und die ganze zerlegte Poularde.

STEAKS TRANCHIEREN

An einem T-Bone-Steak zeige ich euch, wie ihr dieses große Stück Fleisch zerlegt. Das Prinzip könnt ihr auch beim Porterhouse-Steak anwenden.

1 Gegrilltes T-Bone-Steak.

2 Filet vom Knochen lösen.

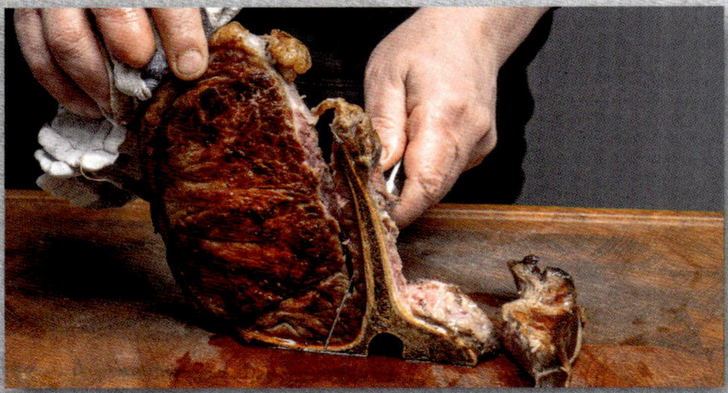

3 Rücken vom Knochen lösen.

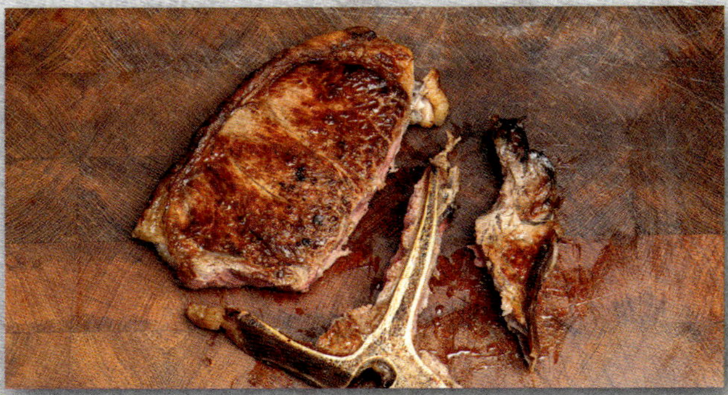

4 Ausgelöstes Rückenstück und Filet vom Knochen.

5 Rückenstück und Filet in Scheiben schneiden.

6 Das tranchierte T-Bone-Steak mit Knochen – guten Appetit!

IM ERDLOCH GAREN

Fleisch im Erdloch zu garen ist eine uralte Methode und etwas Besonderes. Das Fleisch bekommt durch das langsame Garen in der Glut eine unbeschreibliche Saftigkeit und Aromadichte.

Ein Rezept für einen im Erdloch gegarten Rinderrücken findet ihr auf Seite 192.

1 Für euer Projekt „Fleisch im Erdloch garen" benötigt ihr folgende Utensilien: Spaten und Schaufel, 4 Steinplatten, 10 bis 15 große Steine (z. B. Granit), 10 kg Holzkohle, 15 kg Holz, Anzünder und Handbesen.
Mit dem Spaten die Grasnarbe entfernen, sodass man sie anschließend wieder auf das Loch legen kann. Mit der Schaufel ein Loch ausheben (60 cm tief, 60 cm breit und 80 cm lang). Die vier Steinplatten an den Rand des Erdlochs stellen, die Steine auf den Boden des Lochs legen. Die Kohle in einer Feuerschale anzünden und zur weißen Glut verbrennen lassen. Das Holz ins Erdloch geben und verbrennen, damit die Steine und Steinplatten heiß werden.

2 Der gewürzte Rinderrücken vor dem Einpacken, belegt mit Tomaten, Knoblauch, Zwiebeln, Peperoni und Kräutern.

3 Die Hälfte der Kohleglut mit einer Schaufel ins Erdloch legen.

4 Das eingepackte Fleisch auf die Glut legen und mit der restlichen Kohleglut bedecken.

5 Die Erde vorsichtig über die Kohle schaufeln und abschließend die Grasnarbe daraufsetzen und fest andrücken.

6 Nach Ablauf der Garzeit die Grasnarbe und die Erde vorsichtig mit der Schaufel entfernen. Restliche Erde und Kohle mit einem Handbesen von dem in Alufolie eingepackten Fleisch kehren. Das Fleisch aus dem Erdloch heben.

Die Garmethoden

BRATEN

Braten bedeutet, große Fleischstücke bei trockener Hitze zu garen. Ihr legt die Stücke auf ein Gitter oder in einen Bräter und gebt wenig bis gar keine Flüssigkeit dazu, damit das Fleisch rundherum mit der trockenen Hitze in Berührung kommt.
Bei etwa 150 bis 200 °C bildet sich eine aromatische Kruste, Kollagen und Muskeleiweiß wandeln sich bei 70 °C um. Ein gebratenes Fleischstück ist spätestens dann gar, wenn sich eine braune Kruste gebildet und die Kerntemperatur 70 °C erreicht hat. Am besten arbeitet ihr mit geringerer als mit zu hoher Hitze, da das Fleisch dann entspannter ist und sanfter gart. Vor dem Braten könnt ihr das Fleisch mit trockenen Gewürzmischungen oder Marinaden individuell würzen.

SCHMOREN

Bei dieser Methode werden große Fleischstücke zunächst angebraten. Anschließend wird mit Gemüse, Tomatenmark, Wein, Bier oder Fleischbrühe ein Saucenansatz hergestellt.
In diese Sauce wird das Fleisch gelegt, dabei aber nur knapp mit Sauce begossen. Dann kommt der Bräter mit Deckel in den auf 90 bis 125 °C vorgeheizten Backofen. Wenn ihr Zeit habt, stellt ihr die Temperatur nur auf 80 °C – das dauert zwar etwas länger, aber das Fleisch gart schonender und bleibt zart und saftig. 30 bis 40 Minuten vor Garende nehmt ihr den Deckel ab. Durch die Oberhitze bekommt das Fleisch eine schöne Farbe und die Sauce zusätzliche Röstaromen. Der fertig geschmorte Braten wird aus der Sauce genommen und warm gestellt. Die Sauce wird passiert, etwas reduziert und leicht mit Speisestärke, Mehlbutter oder kalter Butter gebunden. Vor dem Schmoren kann das Fleisch in Rotwein oder Weißwein eingelegt werden. Bei Wild, Ziege und Lamm eigenen sich für die Marinade auch Buttermilch, Sauermilch oder Joghurt.

GRILLEN, BBQ, SMOKEN

BBQ und Smoken ist eine Wissenschaft für sich: Stücke wie Brisket (Rinderbrust), Short Ribs (Querrippe), Rindernacken oder auch ganze Keulen und Schultern werden zum Teil über mehrere Stunden bei niedriger Temperatur gegart. So verbinden sich die Aromen und der Rauch mit dem Fleisch und auch Stücke mit viel Bindegewebe werden butterzart.
Besonders gut eignet sich aus meiner Sicht ein Keramikgrill wie zum Beispiel der Big Green Egg: Dieser speichert die Hitze sehr gut, ist präzise regelbar und sorgt über lange Zeit für eine gleichbleibende Temperatur. Gegart wird über Holzkohle, die ein würziges Raucharoma erzeugt. Da der Keramikgrill die Kohle durch gezielte Sauerstoffzufuhr verbrennt, entsteht nur wenig Rauch und wenig Asche – das Grillen ist somit effizient und sparsam beim Kohleverbrauch. Mit Räucherchips eignet sich ein Keramikgrill außerdem sehr gut fürs Smoken.

SMOKEN

Querrippe (Short Ribs)	etwa 9 Stunden	90 bis 110 °C
Rinderbrust (Brisket)	etwa 11 Stunden	90 bis 110 °C
Rindernacken	etwa 12 Stunden	110 bis 120 °C
Hirschhals	etwa 10 Stunden	110 °C
Schweinekeule	etwa 8 bis 12 Stunden (je nach Größe)	80 bis 110 °C

BACKEN

Beim Backen werden verschiedene Teige wie Blätterteig, Brotteig, Strudelteig, Pastetenteig oder Salzteig mit Fleisch gefüllt und bei trockener Hitze zwischen 160 und 250 °C im Backofen gegart. Wichtig ist, das Fleisch vorher zu würzen und kurz anzubraten. Auch mit grünem Speck, Bacon oder einer Kräuterfarce lässt sich eine würzige Note erzielen.
Pasteten, bei denen Fleisch und Gemüse in eine Art Brotteig gepackt werden, gab es schon im alten Ägypten und im Osmanischen Reich. In England, Schottland und Irland ist Steak and Kidney Pie ein typisches Pub-Essen, und in Australien sind Meat Pies geradezu ein nationales Symbol. Die Einlage für diese Pasteten wird meist geschmort, z. B. Ochsenschwanz, Lammragout, Rinderhack oder Geflügel, und dann im Teigmantel knusprig gebacken.
Eine Variante ist das Backen im Salzteig. Dabei gibt das meist grobe Meersalz dem Gericht eine herrliche Note, gerne parfümiert mit Kräutern wie Rosmarin, Thymian, Oregano, Lorbeer, aber auch mit Knoblauch, Pfeffer, Nelke und Wacholder. Wichtig bei dieser Methode ist, dass ihr das Fleisch gar nicht oder nur minimal salzt, da es beim Backen genügend Salz aufnimmt. Große Steaks wie Côte de Boeuf, Kalbskotelett oder Schweinerücken solltet ihr vorher kurz anbraten, um zu vermeiden, dass beim Backen zu viel Fleischsaft austritt.

SIEDEN UND KOCHEN

Unter Sieden versteht man das sanfte Garen in Flüssigkeit bei einer Temperatur von 80 bis 85 °C. So bleibt die Brühe klar und das Fleisch saftig, wertvolle Inhaltsstoffe gehen nicht verloren. Wenn ihr ein saftiges Stück Fleisch wollt, dann legt ihr es in das kochende Wasser und reduziert die Temperatur. Rindfleisch wie Tafelspitz oder Semmelrolle kann zuvor angebraten werden, dann wird die Brühe etwas dunkler. Wollt ihr eine besonders kräftige Brühe, setzt ihr das Fleisch kalt auf. So tritt mehr Fleischsaft aus, die Brühe schmeckt intensiv, aber das Fleisch wird trockener und eignet sich nur noch für Geflügel- oder Rindfleischsalat.
Wichtig ist, das Fleisch oder Geflügel vor dem Garen immer gut abzuwaschen, damit kein Blut und keine Schmutzteilchen in die Brühe gelangen. Fett, Sehnen und Bindegewebe werden allerdings erst nach dem Garen entfernt, da durch sie das Fleisch saftiger bleibt. Für eine klare Brühe muss beim Aufkochen der Schaum abgeschöpft werden, da sich trübende Eiweißstoffe darin befinden. Gemüse und Kräuter gibt man erst nach einer Stunde zum Fleisch, damit das Aroma erhalten bleibt.

GARSTUFEN STEAKS

Steaks werden auf der ganzen Welt gerne gegessen. Aber bei welcher Kerntemperatur ist der gewünschte Gargrad erreicht? Hier ein Überblick über die Bezeichnung der Garstufen weltweit:

KERNTEMPERATUR	DEUTSCH	FRANZÖSISCH	ENGLISCH	SPANISCH	ITALIENISCH
38 bis 45 °C	blau/roh	bleu	blue rare	vuelta molto	al sangue
46 bis 52 °C	blutig	saignant	rare	poco cocido	poco cotto
54 bis 55 °C	englisch	à point	medium rare	jugoso	media cottura
60 bis 62 °C	rosa	anglaise	medium	a punto	a puntino
64 bis 66 °C	halbdurch	demi anglaise	medium well	bien cocido	medio
70 °C	durch	bien cuit	well done	muy hecho	ben cotta

BRATEN

Folgende Zutaten solltet ihr immer parat haben: Salz, Pfeffer aus der Mühle und Speisestärke zum Binden. Diese sind in der Zutatenliste der Rezepte nicht separat aufgeführt.

Côte de Boeuf

INFOS

Vorbereitung: 20 Minuten
Kochzeit: 40 bis 60 Minuten
Utensilien: große Eisenpfanne, Backofen

FLEISCH

2 bis 4 kg Côte de Boeuf am Stück
Wer möchte, kann das Côte de Boeuf mit einem Rub würzen.

ZUTATEN

Rapsöl zum Anbraten

ZUBEREITUNG

1. Zunächst die Rippen mit einem scharfen Messer freilegen: Das Fleisch zwischen den Rippen wird etwa 5 cm tief herausgeschnitten, danach werden die Rippen sauber abgeschabt. Das abgeschnittene Fleisch kann verwendet werden, um eine Sauce oder eine Brühe anzusetzen. Alternativ könnt ihr das Rippenfleisch grillen oder smoken.

2. Den Backofen auf 200 °C vorheizen. Das Côte de Boeuf salzen und eventuell mit einem Rub würzen. In einer heißen Pfanne mit etwas Rapsöl von allen Seiten anbraten. Dann das Côte de Boeuf 40 bis 60 Minuten in den vorgeheizten Backofen geben. Da die Garzeit je nach Größe und Gewicht variiert, verwendet ihr am besten ein Fleischthermometer. Die Kerntemperatur soll 56 °C betragen. Das Côte de Boeuf vor dem Tranchieren 10 Minuten ruhen lassen.

TIPP

Côte de Boeuf ist ein geniales Stück Fleisch: saftig, mit einem großen Anteil an magerem Fleisch, aber auch mit durchwachsenen und fetten Teilen. Dazu würde ich Speckbohnen, Kartoffelgratin und Sauce Béarnaise servieren, aber auch Wurzelgemüse, Artischocken und Salate passen sehr gut dazu. Als Sauce empfehle ich BBQ-, Portwein-, Rotwein- oder Madeira-Sauce.

Rosa gebratenes Bürgermeisterstück

INFOS

Vorbereitung: 10 Minuten
Kochzeit: 1 bis 1,5 Stunden
Utensilien: Bräter oder Pfanne

FLEISCH

2,5 kg Bürgermeisterstück vom Wagyu, Angus oder Hereford.
Das Fleisch muss 21 bis 30 Tage lang gereift sein.

ZUTATEN

Rapsöl zum Anbraten
80 g Butter
2 Zweige Thymian
2 Zweige Rosmarin
1 Knolle Knoblauch, quer halbiert
100 ml Olivenöl

ZUBEREITUNG

1. Den Backofen auf 160 °C vorheizen. Das Bürgermeisterstück rundherum salzen und in einem heißen Bräter mit etwas Rapsöl von allen Seiten braun anbraten.

2. Den Bräter mit dem Fleisch eine Stunde im vorgeheizten Backofen garen. Die Kerntemperatur soll 55 bis 58 °C betragen.

3. Das Fleisch aus dem Bräter nehmen und warmstellen. Die Butter im Bräter schmelzen lassen und darin die Kräuter und den Knoblauch anbraten. Das Fleisch zurück in den Bräter legen und 2 Minuten aromatisieren, dabei ab und zu wenden. Das Bürgermeisterstück auf einem Brett 10 Minuten ruhen lassen. Großzügig mit Olivenöl beträufeln und mit schwarzem Pfeffer aus der Mühle würzen, dann tranchieren.

TIPP

Dazu passen Grillgemüse, Artischockengemüse und Salate sowie BBQ-Saucen oder Kräuterbutter.

Gefüllte Kalbsbrust

INFOS

Vorbereitung: 60 Minuten
Kochzeit: 2,5 bis 3 Stunden
Utensilien: Bräter oder tiefes Blech, Bratenschnur und Fleischnadel

FLEISCH

2 bis 2,5 kg Kalbsbrust ohne Knochen
200 ml Wasser

FÜLLUNG

180 ml Milch
300 g Semmelknödelbrot
30 g Butter
2 Schalotten, fein gewürfelt
4 Eier
2 EL gehackte Petersilie
1 EL gehackter Liebstöckel
Muskat
3 Eier, als Rührei zubereitet

SAUCE

200 g Zwiebeln, geschält und gewürfelt
200 g Karotten, geschält und gewürfelt
200 g Knollensellerie, geschält und gewürfelt
3 Knoblauchzehen, geschält
2 EL Tomatenmark
100 ml Weißwein
500 ml Kalbs- oder Geflügelfond
3 Lorbeerblätter
5 Nelken
7 Pimentkörner
8 Wacholderbeeren

ZUBEREITUNG

1. Zuerst die Füllung zubereiten. Die Mich erhitzen, über das Semmelknödelbrot geben und 10 Minuten ziehen lassen. In der Zwischenzeit Butter in einer Pfanne erhitzen und die Schalotten darin glasig dünsten. Die gehackten Kräuter dazugeben und kurz anschwitzen. Schalotten, Kräuter und die vier Eier zum Knödelbrot geben, gut vermengen und mit Salz, Pfeffer und etwas Muskatnuss kräftig abschmecken. Dann die Rühreier vorsichtig unterheben.

2. Den Backofen auf 170 °C vorheizen. In die Kalbsbrust eine Tasche schneiden (Seite 27 oder vom Metzger des Vertrauens machen lassen) und mit der Semmelknödelmasse füllen. Nicht zu viel einfüllen, da die Füllung beim Braten aufgeht und die Brust platzen könnte. Die Tasche mit der Fleischnadel und Bratenschnur zusammenbinden. Wer möchte, kann es auch mit Holzspießen machen. Die Kalbsbrust außen mit Salz und Pfeffer würzen. Das Wasser in einen Bräter füllen und die Kalbsbrust hineinlegen. Den Bräter 45 Minuten in den vorgeheizten Backofen schieben.

3. Wenn das Wasser verdunstet ist, die Brust aus dem Bräter nehmen. Das Gemüse im Bräter anrösten. Das Tomatenmark dazugeben, ebenfalls kurz anrösten und dann mit dem Weißwein ablöschen. Die Kalbsbrust zurück in den Bräter legen, mit dem Kalbs- oder Geflügelfond auffüllen und die Gewürze hinzufügen. Die Temperatur des Backofens auf 160 °C reduzieren und die Kalbsbrust 1,5 bis 2 Stunden garen. Vor dem Anrichten die Sauce passieren und nach Belieben mit etwas angerührter Speisestärke binden.

Gebratene Kalbshaxe

INFOS

Vorbereitung: 20 Minuten
Kochzeit: 2,5 bis 3 Stunden
Utensilien: Bräter oder tiefes Blech

FLEISCH

2 Kalbshaxen, jeweils 2,5 kg

ZUTATEN

Rapsöl zum Anbraten
200 ml Wasser
200 g Zwiebeln, geschält und gewürfelt
200 g Karotten, geschält und gewürfelt
200 g Knollensellerie, geschält und gewürfelt
3 Knoblauchzehen
3 Lorbeerblätter
5 Nelken
7 Pimentkörner
8 Wacholderbeeren
1 Zweig Thymian
1 Zweig Rosmarin
100 ml Weißwein
500 ml Kalbs- oder Geflügelfond

ZUBEREITUNG

1. Den Backofen auf 160 °C vorheizen. Die Kalbshaxen mit Salz und Pfeffer würzen und im Bräter mit etwas Rapsöl von allen Seiten anbraten. Das Wasser angießen, die Kalbshaxen in den Ofen schieben und 1 Stunde braten. Dabei immer wieder mit dem Bratensaft übergießen und die Haxen drehen.

2. Gemüse, Gewürze und Kräuter dazugeben und mit dem Weißwein ablöschen. Mit dem Kalbs- oder Geflügelfond auffüllen. Die Temperatur auf 150 °C reduzieren und die Haxen weitere 2 Stunden garen, bis das Fleisch weich und zart ist. Die Sauce passieren und je nach Belieben mit etwas angerührter Speisestärke binden.

TIPP

Ihr könnt Salate, Gemüse oder Pilze zur Kalbshaxe servieren oder ganz einfach nur einen Kartoffelsalat und Brezeln.

Rosa gebratener Kalbstafelspitz

INFOS

Vorbereitung: 1 Stunde
Kochzeit: 7 Stunden
Utensilien: Bratenblech mit Gitter, Alufolie, Pfanne

FLEISCH

1,2 bis 1,6 kg Kalbstafelspitz
Rapsöl zum Anbraten

RUB FÜR 1 KG FLEISCH

15 g Salz
6 g Zucker
1 g Knoblauch
1 g Senfpulver
1 g Zwiebelpulver
0,5 g Kreuzkümmel
1 g geräucherter Paprika
0,5 g Chiliflocken
1 g Fenchelsaat

ZUBEREITUNG

1. Die Zutaten für die Rub-Mischung vermengen. Den Kalbstafelspitz damit von allen Seiten einreiben, abdecken und 1 Stunde bei Zimmertemperatur stehen lassen.

2. Den Backofen auf 58 °C vorheizen. Den Kalbstafelspitz auf ein Gitter setzen, das in eine tiefe Wanne passt, und mit Alufolie abdecken. Das Fleisch 7 Stunden im Backofen garen. Der Kalbstafelspitz kann auch vakuumiert und bei 58 °C im Sous-vide-Becken gegart werden. Allerdings finde ich das trockene Garen im Backofen besser, da das Fleisch nicht in der Flüssigkeit liegt.

3. Der zart gegarte Kalbstafelspitz wird vor dem Servieren in einer heißen Pfanne mit Öl von beiden Seiten kross angebraten. Kurz ruhen lassen, bevor das Fleisch in dünne Scheiben geschnitten wird.

TIPP

Zum Tafelspitz passt Gemüse, ein knackiger Salat, Pilze oder Ratatouille.

Kalbsnierenbraten

INFOS

Vorbereitung: 40 Minuten
Kochzeit: 3 bis 3,5 Stunden
Utensilien: Bräter oder tiefes Blech, Bratenschnur

FLEISCH

2 Kalbsnieren
3 kg Kalbsbauch

FARCE

200 g Geflügelfarce (Rezept Seite 220)
2 EL getrockneter Majoran
1 TL getrockneter Thymian
1 TL Senfpulver
Rapsöl zum Anbraten

SAUCE

500 g Kalbsknochen, kleingehackt
200 g Zwiebeln, geschält und gewürfelt
200 g Karotten, geschält und gewürfelt
200 g Knollensellerie, geschält und gewürfelt
3 Knoblauchzehen
100 ml Weißwein
700 ml Kalbs- oder Geflügelfond
3 Lorbeerblätter
7 Nelken
7 Pimentkörner
8 Wacholderbeeren
1 Zweig Thymian
1 Zweig Rosmarin

ZUBEREITUNG

1. Die Nieren halbieren und das Weiße sowie die Harnkanäle entfernen. Mit etwas Salz bestreuen und 1 bis 2 Minuten mit den Händen massieren. Die Nieren unter fließend kaltem Wasser abwaschen und trockentupfen.

2. Den Kalbsbauch der Länge nach aufschneiden, aber nicht ganz durchschneiden. So erhaltet ihr eine flache Fleischscheibe für den Rollbraten. Die Farce mit Kräutern, Senfpulver und Pfeffer vermischen und gleichmäßig auf den Kalbsbauch streichen. Die Nieren in grobe Stücke schneiden, leicht salzen und an das untere Ende der Fleischscheibe legen. Das Fleisch mit den Nieren fest zusammenrollen und mit der Bratenschnur zusammenbinden. Die Rolle mit Salz und Pfeffer würzen und in einer Pfanne mit Rapsöl von allen Seiten braun anbraten.

3. Den Backofen auf 170 °C vorheizen. Die Kalbsknochen auf ein tiefes Blech oder in einen Bräter geben und die Kalbsrolle darauflegen. Im vorgeheizten Backofen 1,5 Stunden garen und dabei immer wieder wenden und übergießen. Das Gemüse zum Fleisch geben und anrösten. Wenn es anfängt zu bräunen, mit Weißwein ablöschen. Kalbsfond, Gewürze und Kräuter zugeben und die Temperatur auf 150 °C reduzieren. Das Fleisch weitere 1,5 Stunden garen, bis es eine Kerntemperatur von 76 bis 80 °C hat, dabei immer wieder mit Bratensaft begießen. Die Sauce passieren und nach Belieben mit der angerührten Speisestärke binden. Den Braten vor dem Anschneiden 10 Minuten ruhen lassen.

TIPP

Kräftiges Gemüse wie Rotkraut, Sauerkraut, Wirsing, Blumenkohl sowie als Beilage Kartoffeln, Spätzle, Nudeln oder Kroketten dazu reichen.

Gefüllter Kalbsnacken

INFOS

Vorbereitung: 30 Minuten
Kochzeit: 2,5 bis 3,5 Stunden
Utensilien: Bräter oder Pfanne, Bratenschnur, Spritzbeutel

FLEISCH

3 kg Kalbsnacken (Hals)

FÜLLUNG

30 g Butter
200 g Morcheln
300 g Kalbsfarce oder Geflügelfarce (Rezept Seite 220)
2 EL fein gehackte Blattpetersilie

SAUCE

Rapsöl zum Anbraten
200 ml Wasser
200 g Zwiebeln, geschält und gewürfelt
200 g Karotten, geschält und gewürfelt
200 g Knollensellerie, geschält und gewürfelt
3 Knoblauchzehen
2 EL Tomatenmark
100 ml Weißwein
700 ml Kalbs- oder Geflügelfond
3 Lorbeerblätter
7 Nelken
7 Pimentkörner
8 Wacholderbeeren

ZUBEREITUNG

1. Mit einem scharfen Messer eine Tasche in die Mitte des Kalbsnackens schneiden (Seite 27). In einer kleinen Pfanne die Butter aufschäumen lassen und die Morcheln darin braten. Etwas salzen, abkühlen lassen und dann mit der Kalbsfarce und der Petersilie vermischen. Die Masse in einen Spritzbeutel geben, den Kalbsnacken füllen und mit der Bratenschnur zu einem Rollbraten binden.

2. Den Backofen auf 160 °C vorheizen. Den Kalbsnacken gut salzen und in einem Bräter mit Rapsöl von allen Seiten anbraten. Wasser zugießen. Den Bräter 1,5 Stunden in den Backofen geben, dabei das Fleisch immer wieder mit dem Bratensaft begießen. Das Gemüse dazugeben und anrösten. Das Tomatenmark hinzufügen, ebenfalls kurz anrösten und dann mit dem Weißwein ablöschen. Kalbsfond und Gewürze zum Braten geben, die Temperatur auf 150 °C reduzieren und den Kalbsnacken weitere 1,5 Stunden im Backofen lassen. Die Sauce passieren und nach Belieben mit etwas angerührter Speisestärke binden.

Krustenbraten

INFOS

Vorbereitung: 30 Minuten
Kochzeit: 2,5 bis 3 Stunden
Utensilien: Bräter

FLEISCH

500 g Schweineknochen vom Hals, klein gehackt
2,5 bis 3 kg Schweineschulter mit Schwarte

ZUTATEN

400 ml Wasser
2 EL Senf
200 g Zwiebeln, geschält und gewürfelt
200 g Möhren, geschält und gewürfelt
200 g Lauch, gewürfelt
1 Zweig Thymian
5 Stängel Petersilie
2 Knoblauchzehen
1 EL Kümmel
1 Flasche dunkles Bier
500 ml Fleischbrühe

ZUBEREITUNG

1. Den Backofen auf 180 °C vorheizen. Die Knochen und das Wasser in den Bräter geben. Die Schweineschulter auf der Schwartenseite gut salzen, auf der anderen Seite mit Salz und Pfeffer würzen und mit dem Senf einreiben. Das Fleisch mit der Schwartenseite auf die Knochen legen und den Braten in den Backofen schieben. Wenn nach etwa 30 Minuten das Wasser verdampft ist, den Braten herausnehmen und die Schwarte mit einem scharfen Messer mit 1 cm Abstand einschneiden (siehe Seite 26). Mit der Fleischseite wieder auf die Knochen legen. Gemüse, Kräuter und Kümmel dazugeben und den Bräter zurück in den Backofen stellen.

2. Wenn die Knochen und das Gemüse zu rösten beginnen, nach und nach mit dem Bier ablöschen. Danach mit der Brühe auffüllen und 1,5 Stunden garen, bis der Braten zart ist. Dann den Backofen auf 220 °C Oberhitze drehen, damit die Schwarte aufpoppt und eine schöne Kruste entsteht. Den Braten herausnehmen, die Sauce passieren und nach Belieben mit etwas angerührter Speisestärke binden.

TIPP

Klassisch serviert man zum Krustenbraten Kartoffel- oder Semmelknödel, Kartoffelsalat, Krautsalat und Sauerkraut. Aber auch Rotkraut, Salzkartoffeln und Wurzelgemüse passen super dazu.

Kümmelbraten

INFOS

Vorbereitung: 30 Minuten
Kochzeit: 1,5 bis 2 Stunden
Utensilien: Bräter

FLEISCH

500 g Schweineknochen vom Hals, klein gehackt
2,5 bis 3 kg Schweinehals (Nacken)

ZUTATEN

200 ml Wasser
2 EL Kümmel
2 EL Senf
200 g Zwiebeln, geschält und gewürfelt
200 g Möhren, geschält und gewürfelt
200 g Lauch, gewürfelt
2 Knoblauchzehen
1 Zweig Thymian
5 Stängel Petersilie
1 Flasche dunkles Bier
500 ml Fleischbrühe

ZUBEREITUNG

1. Den Backofen auf 180 °C vorheizen. Die Knochen und das Wasser in den Bräter geben. Den Schweinehals salzen, pfeffern und mit Senf einreiben, dann mit dem Kümmel bestreuen. Den Braten auf die Knochen legen und den Bräter in den Backofen schieben. Wenn das Wasser verdunstet ist und die Knochen anfangen zu rösten, Gemüse und Kräuter dazugeben.

2. Wenn Knochen und Gemüse schön gebräunt sind, nach und nach mit dem Bier ablöschen. Danach mit der Brühe auffüllen. Die Temperatur auf 160 °C reduzieren und den Braten weitere 1 bis 1,5 Stunden im Backofen lassen. Den Braten aus dem Ofen nehmen, die Sauce passieren und nach Belieben mit etwas angerührter Speisestärke binden.

TIPP

Kartoffel- oder Semmelknödel, Kartoffelsalat, Krautsalat und Sauerkraut passen gut zum Kümmelbraten, aber er schmeckt auch kalt köstlich mit Brot, Senf und Mixed Pickles.

Gefüllter Schweinebauch

INFOS

Vorbereitung: 50 Minuten
Kochzeit: 2 bis 2,5 Stunden
Utensilien: Bräter, Fleischnadel, Bratenschnur

FLEISCH

2 bis 2,5 kg Schweinebauch ohne Knochen,
am besten Schwäbisch-Hällisches Landschwein,
Buntes Bentheimer, Aktivstall-Schwein

ZUTATEN

400 ml Wasser
250 ml Olivenöl

FÜLLUNG

2 Schalotten, geschält und fein gehackt
3 Knoblauchzehen, geschält und fein gehackt
Olivenöl zum Andünsten
40 g schwarze Oliven ohne Kern, gewürfelt
40 g grüne Oliven ohne Kern, gewürfelt
50 g getrocknete Tomaten
1 TL getrockneter Oregano
1 TL gehackte Thymianblättchen
1 TL fein gehackter Rosmarin
400 g gemischtes Hackfleisch

ZUBEREITUNG

1. Die Schwarte des Schweinebauchs mit einem scharfen Messer kreuzförmig einschneiden (Seite 26). Ganz einfach geht es mit einem Skalpell – oder euer Metzger übernimmt die Aufgabe. Dann in den Schweinbauch eine Tasche schneiden (Seite 27).

2. Die Schalotten und den Knoblauch mit etwas Olivenöl andünsten. Oliven, Tomaten und Kräuter dazugeben und kurz dünsten. Auskühlen lassen. Dann mit dem Hackfleisch vermengen und würzen. Die Füllung in den Schweinebauch geben und die Tasche mit Bratenschnur und Fleischnadel zusammennähen.

3. Den Backofen auf 180 °C vorheizen. Den Schweinebauch mit Salz und Pfeffer würzen. Mit der Schwarte nach unten in einen Bräter legen, das Wasser dazugeben und 30 Minuten in den Backofen stellen. Wenn das Wasser verdunstet ist, den Braten umdrehen. 250 ml Olivenöl zugeben, die Temperatur auf 150 °C reduzieren und den Schweinebauch weitere 1,5 Stunden im Backofen garen. Ab und zu mit Öl und Bratensaft begießen. Wenn der Braten anfängt, zart zu werden, die Temperatur auf 220 °C erhöhen. Nach 20 bis 30 Minuten ist die Schwarte knusprig.

TIPP

Der gefüllte Schweinbauch passt sehr gut zu mediterranem oder gegrilltem Gemüse oder zu Salaten.

Crepinette vom Spanferkelrücken

INFOS

Vorbereitung: 50 Minuten
Kochzeit: 45 bis 50 Minuten
Utensilien: Bräter oder große Pfanne, Geschirrtuch, Backpapier, Bratenschnur

FLEISCH

800 bis 1000 g Spanferkelrücken mit Rippenknochen

ZUTATEN

2 EL fein gehackte Petersilie
1 EL fein geschnittener Schnittlauch
1 EL fein gehackter Kerbel
300 g Geflügelfarce (Rezept Seite 220)
etwas Macis (Muskatblüte) und Koriander aus der Mühle
400 g Schweinenetz
8 bis 10 blanchierte Wirsingblätter ohne Strunk
Rapsöl zum Anbraten

ZUBEREITUNG

1. Vom Spanferkelrücken das Silberhäutchen, wie auf den Seiten 40/41 beschrieben, auf der Rippenseite entfernen. Die Fleischseite parieren. Salzen und in einer Pfanne von allen Seiten braun anbraten (medium rare). Auskühlen lassen.

2. Die gehackten Kräuter zur Geflügelfarce geben und mit Macis, Koriander und Pfeffer aus der Mühle würzen. Das Schweinenetz in reichlich kaltes Wasser legen und 20 Minuten wässern, danach sehr gut ausdrücken.

3. Die blanchierten Wirsingblätter leicht überlappend auf ein Geschirrtuch legen. Die Geflügelfarce gleichmäßig darauf verteilen, den angebratenen Spanferkelrücken darauflegen und mit Hilfe des Geschirrtuchs zusammenrollen. Bei den Knochen die Wirsingblätter mit einem kleinen Messer einschneiden und die Knochen durchstecken. Das Schweinenetz auslegen und die Wirsing-Spanferkelrolle darin einpacken. Auch hier die Knochen vorsichtig durch das Schweinnetz drücken. Die Crepinette-Rolle im Abstand von 2 cm mit der Bratenschnur binden.

4. Den Backofen auf 150 °C vorheizen. In einem Bräter die Crepinette von allen Seiten anbraten, sodass der Wirsing etwas Farbe annimmt. Den Bräter 40 bis 50 Minuten in den Backofen geben, bis die Kerntemperatur zwischen 58 und 60 °C liegt. Die Crepinette vor dem Anschneiden 10 Minuten ruhen lassen.

Hackbraten

INFOS

Vorbereitung: 50 Minuten
Kochzeit: 2 bis 2,5 Stunden
Utensilien: tiefes Blech oder Bräter, Backpapier

FLEISCH

2 kg gemischtes Hackfleisch Schwein und Rind

ZUTATEN

2 altbackene Weizenbrötchen (Tafelbrötchen)
50 g Butter
3 Schalotten, fein gewürfelt
2 Knoblauchzehen, fein gewürfelt
3 EL gehackte Petersilie
1 TL getrockneter Majoran
1 Prise Cayennepfeffer
1 EL gelbe Senfsaat
2 Eier
500 g leicht geräucherter Bauchspeck (Bacon), in Scheiben geschnitten
5 hartgekochte Eier
Rapsöl zum Anbraten

ZUBEREITUNG

1. Die Brötchen in warmem Wasser einweichen, bis sie ganz weich sind, dann gut ausdrücken. Die Butter in einer Pfanne zerlassen und die Schalotten und den Knoblauch anschwitzen. Petersilie und Majoran zugeben und kurz mitdünsten. Auskühlen lassen.

2. Das Hackfleisch in eine große Schüssel geben. Mit Salz, Pfeffer, Cayennepfeffer und Senfsaat würzen und gut vermengen. Die ausgedrückten Brötchen, Schalotten, Kräuter und die 2 Eier dazugeben und zu einer homogenen Masse vermischen.

3. Den Backofen auf 160 °C vorheizen. Die Speckscheiben überlappend auf ein großes Stück Backpapier legen. Auf die Speckscheiben die Hackfleischmasse geben und etwas ausstreichen. In die Mitte eine Vertiefung drücken und die gekochten Eier hineinlegen. Den Fleischteig vorsichtig von der Seite über die Eier streichen und das Ganze zu einer Rolle formen.

4. Das tiefe Blech mit Backpapier auslegen und den Hackbraten darauf platzieren. Darauf achten, dass die Speckscheiben an der Oberseite geschlossen sind, damit sie sich beim Braten nicht aufrollen. Durch das Backpapier löst sich der Hackbraten später gut vom Blech. Den Hackbraten 2 bis 2,5 Stunden im Backofen garen.

Im Ganzen gebratene Lammkeule

INFOS

Vorbereitung: 50 Minuten
Kochzeit: 1,5 bis 2 Stunden
Utensilien: Bräter

FLEISCH

2,5 kg Lammkeule mit Knochen
2 EL Olivenöl
Rapsöl zum Anbraten

GREMOLATA (WÜRZMISCHUNG)

100 g Butter
2 EL fein gehackte Blattpetersilie
1 EL fein gehacktes Basilikum
1 EL fein gehackter Kerbel
1 EL fein gehackter Estragon
1 EL fein gehackter Rosmarin und Thymian
2 bis 4 Knoblauchzehen, fein gehackt
Abrieb von 1 Zitrone
Abrieb von 1 Orange

ZUBEREITUNG

1. Backofen auf 150 °C vorheizen. Die Lammkeule salzen und mit Olivenöl einreiben. In einem Bräter etwas Rapsöl erhitzen und die Lammkeule darin auf allen Seiten anbraten. Den Bräter in den Backofen geben. Nach 1,5 bis 2 Stunden soll die Kerntemperatur zwischen 58 und 64 °C betragen.

2. Die Gremolata zubereiten. In einer Pfanne die Butter erhitzen, einmal aufschäumen lassen und die Kräuter, den Knoblauch und den Abrieb der Zitrusfrüchte dazugeben. Die Gremolata-Buttermischung heiß über die Lammkeule gießen. Vor dem Anschneiden soll die Lammkeule 10 Minuten ruhen.

TIPP

Zu Lamm passen traditionell Bohnen, Tomaten, Paprika, Artischocken, glasierte Schalotten und Wurzelgemüse, als Beilage Rosmarinkartoffeln oder Kartoffelgratin.

Lammkrone

INFOS

Vorbereitung: 50 Minuten
Kochzeit: 1 Stunde
Utensilien: Bräter oder Pfanne, Bratenschnur

FLEISCH

2 Lammkarrees à 800 bis 1000 g
Rapsöl zum Anbraten

WÜRZÖL

200 ml Olivenöl
2 Knoblauchzehen, zerdrückt
1 EL Honig
1 EL fein gehackter Rosmarin und Thymian
1 TL fein gehackte Lavendelblüten
Abrieb von 1 Zitrone
Abrieb von 1 Orange

ZUBEREITUNG

1. Das Fett auf dem Lammkarree mit einem scharfen Messer leicht einschneiden. Die Karrees mit Salz würzen. Die beiden Karrees mit einer Bratenschnur so zusammenbinden, dass das Fleisch in der Mitte ist und die Knochen außen sind. Am besten die Bratenschnur drei bis vier Mal in unterschiedlicher Höhe um das Fleisch binden, damit die Kronenform beim Braten erhalten bleibt.

2. Für das Würzöl alle Zutaten miteinander verrühren.

3. Den Backofen auf 180 °C vorheizen. Rapsöl in einem Bräter erhitzen und die Lammkrone mit den Knochen nach oben hineinlegen. Den Bräter 10 Minuten in den Backofen stellen, dann die Temperatur auf 160 °C reduzieren. Die Lammkrone immer wieder mit dem Würzöl bestreichen. Nach 50 Minuten soll die Kerntemperatur 54 bis 58 °C betragen. Vor dem Servieren die Lammkrone in Koteletts schneiden – je nach Belieben dünne Koteletts mit einer Rippe oder dickere Scheiben mit zwei Rippen.

Entenrollbraten

INFOS

Vorbereitung: 60 Minuten
Kochzeit: 2 bis 2,5 Stunden
Utensilien: Bräter oder Pfanne, Bratenschnur

FLEISCH

1 Barbarie-Ente weiblich, 2,6 bis 3,4 kg

ZUTATEN

300 g Geflügelfarce (Rezept Seite 220)
150 g Shiitake-Pilze, fein gewürfelt
50 g Butter
1 EL Sesamöl
2 EL getrocknete Tomaten, fein gewürfelt
etwas Koriander aus der Mühle
etwas Zitronenpfeffer
Rapsöl zum Anbraten
1 EL gerösteter Sesam

SAUCE ZUM GLASIEREN

1 EL Honig
50 ml Sojasauce
50 ml Mirin (süßer Reiswein)
50 ml Wasser
1 EL Reisessig

ZUBEREITUNG

1. Die Ente von Federkielen befreien. Anschließend die Ente mit einem scharfen Messer auslösen (siehe Seite 44).

2. Die Shiitake-Pilze in Butter und Sesamöl anbraten. Die Pilze in eine Schüssel geben und mit Koriander, Zitronenpfeffer, getrockneten Tomaten und Salz würzen. Erkalten lassen und mit der Geflügelfarce vermengen. Die Ente mit der Fleischseite nach oben ausbreiten, salzen, mit der Farce bestreichen und fest zusammenrollen. Mit der Bratenschnur in Abständen von 2 cm zusammenbinden.

3. Für die Glasur alle Zutaten vermengen.

4. Backofen auf 160 °C vorheizen. Die Ente außen leicht salzen. In einem Bräter Rapsöl erhitzen und die Entenrolle von allen Seiten anbraten. Den Bräter 2 Stunden in den Backofen stellen, dabei immer wieder mit der Glasur bepinseln. Vor dem Tranchieren mit etwas geröstetem Sesam bestreuen und 10 Minuten ruhen lassen.

Rosa gebratene Hirschkalbskeule

INFOS

Vorbereitung: 30 Minuten
Kochzeit: 3 Stunden
Utensilien: Bräter

FLEISCH

4,5 bis 6 kg Hirschkalbskeule

ZUTATEN

Rapsöl zum Anbraten
300 g Butter
2 EL fein gehackte Blattpetersilie
1 EL gerebelter Thymian
1 TL fein gehackter frischer Majoran
10 Wacholderbeeren, fein gehackt
Abrieb von 2 Zitronen
Abrieb von 2 Orangen

ZUBEREITUNG

1. Den Backofen auf 180 °C vorheizen. Die Hirschkalbskeule waschen und trockentupfen. Das Fleisch kräftig salzen. Etwas Rapsöl in einem Bräter erhitzen und die Hirschkalbskeule von allen Seiten anbraten. Den Bräter 50 Minuten in den Backofen stellen. Dann die Temperatur auf 140 °C reduzieren und die Keule weitere 2 Stunden garen. Die Kerntemperatur soll 58 bis 60 °C betragen.

2. Die Keule herausnehmen und 5 Minuten ruhen lassen. Die Butter aufschäumen lassen und die Kräuter, Wacholderbeeren und den Abrieb der Zitrusfrüchte dazugeben. Die aromatisierte Butter über die Keule gießen und nochmals 5 Minuten ruhen lassen.

TIPP

Zur Hirschkalbskeule passen Blaukraut, Rahmwirsing, Spitzkohl, Wurzelgemüse oder Pilze, als Beilage Spätzle, Schupfnudeln oder Knödel. Preiselbeeren, Quittengelee oder Apfelmus geben eine süße Note.

Vorbereitung: 60 Minuten
Kochzeit: 30 Minuten
Utensilien: Frischhaltefolie, Pfanne, Backofen, Bratenschnur

CH

4 Bresse-Tauben

TEN

Rapsöl zum Anbraten
100 g Gänsestopfleber
2 Äpfel, geschält
etwas Mehl
1 TL Puderzucker
20 blanchierte Spinatblätter
100 g Geflügelfarce (Rezept Seite 220)
300 g Schweinenetz, gewässert
50 g Butter

REITUNG

Die Tauben auslösen (siehe Seite 44). Die Haut von der Brust ablösen. Den Mittelknochen aus den Keulen entfernen und die Keulen beiseitestellen, sie werden erst kurz vor dem Servieren angebraten. Aus den Karkassen könnt ihr eine Sauce ansetzen und zur Taube servieren.

Die Gänsestopfleber und die Äpfel in 1 cm dicke Balken schneiden. In einer Pfanne etwas Rapsöl erhitzen. Die Gänseleber mit Salz und Pfeffer würzen, leicht mehlieren und auf allen Seiten kurz anbraten. Aus der Pfanne nehmen und beiseitestelle. Die Äpfel mit Puderzucker bestäuben und in der Pfanne glasieren. Die ausgekühlten Äpfel und die Gänseleber in die blanchierten Spinatblätter einwickeln.

3. Die Taubenbrüste zwischen Frischhaltefolie legen und mit einem Plattiereisen oder einem Fleischklopfer vorsichtig flachklopfen. Die plattierten Brüste so auf eine Folie legen, dass eine rechteckige Platte entsteht. Mit Salz und Pfeffer würzen, mit Geflügelfarce bestreichen und die eingewickelten Apfel- und Gänseleberbalken darauflegen. Mit Hilfe der Folie die Taubenbrust zu einer festen Rolle zusammenrollen. Diese Rolle zwei Mal in das gut ausgedrückte Schweinenetz einwickeln und mit Bratenschnur zusammenbinden.

4. Den Backofen auf 220 °C vorheizen. In einer heißen Pfanne die Rolle anbraten, dann 15 Minuten in den Backofen geben und dabei ab und zu wenden. Herausnehmen und 10 Minuten auf einem Gitter ruhen lassen. Währenddessen die Keulen in einer Pfanne mit etwas Rapsöl knusprig braten. In einer zweiten Pfanne die Butter aufschäumen, die Taubenbrustrolle dazugeben und nochmals 10 Minuten in den Backofen schieben. Die Kerntemperatur soll 56 °C betragen.

SCHMOREN

Rinderrouladen: vier Variationen

INFOS

Vorbereitung: 1 Stunde
Kochzeit: 2 bis 2,5 Stunden
Utensilien: Bräter mit Deckel, Bratenschnur

ROULADENFLEISCH

dünn plattierte Scheiben aus der Rinderoberschale

FÜLLUNG 1 „PATA NEGRA SCHINKEN, OLIVEN-PAPRIKA-FARCE, SOBRASSADA"

Geflügelfarce (Rezept Seite 220)
Oliven und Paprika, sehr fein gewürfelt
Thymian und Rosmarin, fein gehackt
Pata Negra oder Serrano Schinken
Sobrassada (luftgetrocknete streichfähige Rohwurst aus Spanien)

Die Geflügelfarce mit Oliven, Paprikawürfeln und Kräutern vermengen. Die Rouladen mit Salz und Pfeffer würzen und dünn mit der Farce bestreichen. Den Schinken darauflegen und nochmals mit der Farce bestreichen. Ans untere Ende ein Stück Sobrassada legen. Zusammenrollen und binden.

FÜLLUNG 2 „KLASSISCHE FÜLLUNG"

Senf
leicht geräucherter Bauchspeck (Bacon)
angeschwitzte Zwiebeln
Gewürzgurken, in 1 cm dicke Balken geschnitten
Karotten und Knollensellerie, in 5 mm dicke Streifen geschnitten

Die Rouladen mit Salz und Pfeffer würzen und kräftig mit Senf bestreichen. Mit Bauchspeck belegen. Die Zwiebeln darauf verteilen. Ans untere Ende zwei Gurken- sowie je einen Karotten- und Selleriestreifen legen. Beim Aufrollen die Seitenränder einklappen, damit beim Schmoren nichts herausfällt. Zusammenrollen und binden.

FÜLLUNG 3 „SEMMELKNÖDEL"

leicht geräucherter Bauchspeck (Bacon)
Senf
Semmelknödelmasse (Rezept Serviettenknödel Seite 222)

Die Rouladen mit Salz und Pfeffer würzen und dünn mit Senf bestreichen. Mit jeweils drei Scheiben Bauchspeck belegen und die Semmelknödelmasse darauf streichen. Zusammenrollen und binden.

FÜLLUNG 4 „KRÄUTERFARCE UND WACHTELEI"

Kräuterfarce (Rezept Geflügelfarce Seite 220, vermischt mit gehackten Kräutern)
gekochte Wachteleier
Kochschinken
getrocknete Tomaten

Die Rouladen mit Salz und Pfeffer würzen und sehr dünn mit Kräuterfarce bestreichen. Den Kochschinken darauflegen und diesen etwas dicker mit Kräuterfarce bestreichen. Ans untere Ende der Fleischscheibe ein Wachtelei und zwei getrocknete Tomaten legen. Zusammenrollen und binden.

TIPP

Das Füllen und Aufrollen der Rouladen ist auf den Seiten 42 und 43 Schritt für Schritt beschrieben und abgebildet.

Von links nach rechts:
Pata Negra Schinken, Oliven-Paprika-Farce, Sobrassada
Klassisch mit Bauchspeck, Zwiebeln, Gurke, Karotte, Sellerie, Senf
Semmelknödel und leicht geräucherter Bauchspeck
Kräuterfarce, Wachtelei, Kochschinken, getrocknete Tomaten

SCHMOREN DER ROULADEN

3 Zwiebeln, gewürfelt
150 g Möhren, gewürfelt
150 g Knollensellerie, gewürfelt
150 g Lauch, gewürfelt
2 Knoblauchzehen
4 Stück Würfelzucker
30 g Tomatenmark
500 ml roter Portwein
2 l Rotwein
4 Lorbeerblätter
12 Pfefferkörner
8 Wacholderbeeren
4 Nelken
4 Piment
1 Zweig Thymian
1 Zweig Rosmarin
8 Stängel Petersilie, in 2 cm lange Stücke geschnitten

ZUBEREITUNG

1. Die Rouladen mit Salz und Pfeffer würzen und in einem Bräter mit etwas Rapsöl anbraten. Die Rouladen herausnehmen und beiseitestellen.

2. Den Backofen auf 140 °C vorheizen. Das Gemüse im Bräter anrösten, bis es etwas Farbe bekommt. Den Würfelzucker dazugeben und karamellisieren. Das Tomatenmark hinzufügen und unter Rühren langsam anrösten. Den Ansatz mit etwas Portwein ablöschen und wieder anrösten. Diesen Vorgang drei bis fünf Mal wiederholen, so bekommt die Sauce eine kräftige Farbe. Den Rotwein und alle Gewürze und Kräuter dazugeben und einmal aufkochen. Die Rouladen in die Sauce legen, den Bräter zudecken und 2 Stunden in den vorgeheizten Backofen stellen.

3. Wenn die Rouladen weich sind, diese herausnehmen. Die Sauce passieren, auf die Hälfte reduzieren und mit etwas angerührter Speisestärke binden.

Schulterscherzel à la bourguignonne

INFOS

Vorbereitung: 2 bis 4 Tage
Kochzeit: 3 bis 4 Stunden
Utensilien: Schüssel mit Deckel zum Marinieren, Bräter mit Deckel

FLEISCH

2,5 bis 3,5 kg Schulterscherzel (Schaufelstück oder Mittelbugstück)

MARINADE

3 Zwiebeln, geschält und gewürfelt
150 g Möhren, geschält und gewürfelt
150 g Knollensellerie, geschält und gewürfelt
150 g Lauch, gewürfelt
2 Knoblauchzehen
4 Lorbeerblätter
12 Pfefferkörner
8 Wacholderbeeren
4 Nelken
4 Pimentkörner
1 Zimtstange
1 Zweig Thymian
8 Stängel Petersilie, in 2 cm lange Stücke geschnitten
3 l Rotwein

4 Stück Würfelzucker
30 g Tomatenmark
500 ml roter Portwein

ZUBEREITUNG

1. Das Schulterscherzel unter kaltem Wasser waschen, danach abtrocknen und in eine Schüssel legen. Das Gemüse und alle Gewürze hinzufügen. Mit dem Rotwein begießen. Einen Deckel auf die Schüssel legen und zwei bis vier Tage im Kühlschrank marinieren.

2. Das Schulterscherzel aus der Marinade nehmen, mit kaltem Wasser abspülen und trocken tupfen. Die Marinade durch ein Sieb gießen und beiseitestellen. Das Gemüse aufbewahren.

3. Den Backofen auf 140 °C vorheizen. Das Schulterscherzel salzen und in einem Bräter mit etwas Rapsöl von allen Seiten anbraten. Herausnehmen und beiseitestellen. Das Gemüse und die Kräuter aus der Marinade dazugeben und anrösten. Den Würfelzucker dazugeben und karamellisieren. Das Tomatenmark hinzufügen und unter Rühren langsam anrösten. Den Ansatz mit etwas Portwein ablöschen und wieder anrösten. Diesen Vorgang drei bis fünf Mal wiederholen, so bekommt die Sauce eine kräftige Farbe. Den Rotwein zugießen und einmal aufkochen. Das Fleisch in den Bräter legen, zudecken und 3 bis 4 Stunden in den Backofen stellen.

4. Das weiche Schulterscherzel herausnehmen. Die Sauce passieren, auf die Hälfte reduzieren und mit etwas angerührter Speisestärke binden. Das Schulterscherzel in Scheiben schneiden und in die Sauce legen.

TIPP

Schulterscherzel à la bourguignonne serviere ich mit gebratenen Champignons, krossem Speck und Brotcroûtons.

Ossobuco

INFOS

Vorbereitung: 30 Minuten
Kochzeit: 2,5 bis 3 Stunden (beim Rind 3,5 bis 4 Stunden)
Utensilien: Bräter mit Deckel, Bratenschnur

FLEISCH

4 Kalbshaxen-Scheiben, 4 cm dick (oder Scheiben von der Rinderhaxe)

ZUTATEN

Mehl zum Bestäuben
Rapsöl zum Anbraten
Olivenöl zum Andünsten

GEMÜSE (SOFFRITTO)

3 Zwiebeln, fein gewürfelt
150 g Möhren, fein gewürfelt
150 g Staudensellerie, fein gewürfelt
3 Stück Würfelzucker
3 Knoblauchzehen, fein gehackt
30 g Tomatenmark
500 ml Rotwein
1 l Kalbsfond
250 ml Tomatenpüree

4 Lorbeerblätter
12 Pfefferkörner, fein gemörsert
4 Pimentkörner, fein gemörsert
8 Wacholderbeeren, fein gehackt
2 Zweige Thymian
2 Zweige Rosmarin
1 Stängel Estragon

2 EL schwarze Oliven
2 EL grüne Tomaten
2 EL getrocknete Tomaten

ZUBEREITUNG

1. Die Beinscheiben an der Hautseite etwas einschneiden und mit Bratenschnur rund binden, damit sie beim Braten die Form behalten. Salzen, mit etwas Mehl bestäuben und im Bräter mit Rapsöl von beiden Seiten anbraten. Herausnehmen und beiseitestellen.

2. Für das Gemüse die Zwiebel-, Möhren- und Staudenselleriewürfel im Bräter mit etwas Olivenöl anschwitzen. Solch kleingeschnittenes Gemüse, das als Basis für Saucen dient, nennt man in der italienischen Küche Soffritto. Den Würfelzucker dazugeben und karamellisieren. Knoblauch und Tomatenmark zum Gemüse geben, anrösten und mit etwas Rotwein ablöschen.

3. Backofen auf 140 °C vorheizen. Die angebratenen Beinscheiben auf das Gemüse in den Bräter legen. Alle Gewürze und Kräuter dazugeben und mit dem restlichen Rotwein, Kalbsfond und Tomatenpüree auffüllen. Das Ossobuco 3 Stunden im Ofen schmoren.

4. Die Beinscheiben aus dem Bräter nehmen. Thymian, Rosmarin, Estragon und Lorbeer entfernen. Oliven und getrocknete Tomaten in die Sauce geben und etwas einkochen. Die Beinscheiben zurück in den Bräter legen und servieren.

TIPP

Das Ossobuco könnt ihr mit Basilikumblättern und Pesto garnieren. Als Beilage passen Nudeln oder Polenta oder ganz schlicht geröstetes Brot.

Geschmorte Rinderbacken in Rotwein

INFOS

Vorbereitung: 3 bis 5 Tage
Kochzeit: 3 bis 3,5 Stunden
Utensilien: Schüssel mit Deckel zum Marinieren, Bräter mit Deckel

FLEISCH

4 Rinderbacken, am besten französische oder irische Rinderbacken, da diese nicht so tief eingeschnitten sind und ein schöneres Schmorstück ergeben

MARINADE

3 Zwiebeln, gewürfelt
150 g Möhren, gewürfelt
150 g Knollensellerie, gewürfelt
150 g Lauch, gewürfelt
2 Knoblauchzehen
4 Lorbeerblätter
12 Pfefferkörner
8 Wacholderbeeren
4 Nelken
4 Pimentkörner
1 Zweig Thymian
1 Zweig Rosmarin
8 Stängel Petersilie, in 2 cm lange Stücke geschnitten
2 l Rotwein

Rapsöl zum Anbraten
4 Stück Würfelzucker
30 g Tomatenmark
500 ml Portwein
Speisestärke zum Binden

ZUBEREITUNG

1. Die Rinderbacken mit kaltem Wasser waschen, trocknen und in eine Schüssel legen. Das Gemüse, die Gewürze und die Kräuter dazugeben. Mit dem Rotwein bedecken und 3 bis 5 Tage abgedeckt im Kühlschrank marinieren.

2. Die Rinderbacken aus der Marinade nehmen, mit kaltem Wasser abspülen und trocken tupfen. Die Marinade durch ein Sieb gießen und beiseitestellen. Das Gemüse aufbewahren.

3. Den Backofen auf 140 °C vorheizen. Das Fleisch salzen und im Bräter mit etwas Öl anbraten. Herausnehmen und beiseitestellen. Das Gemüse und die Kräuter aus der Marinade in den Bräter geben und anrösten. Den Würfelzucker dazugeben und karamellisieren. Das Tomatenmark hinzufügen und unter Rühren langsam anrösten. Den Ansatz mit etwas Portwein ablöschen und wieder anrösten. Diesen Vorgang drei bis fünf Mal wiederholen, so bekommt die Sauce eine kräftige Farbe. Den Rotwein zugießen und einmal aufkochen. Das Fleisch in den Bräter legen, zudecken und 3 Stunden in den Backofen stellen.

4. Die weichen Rinderbacken aus dem Bräter nehmen. Die Sauce passieren, den Ansatz auf die Hälfte reduzieren und mit etwas angerührter Speisestärke binden. Die Backen zurück in den Bräter legen und über Nacht in der Sauce auskühlen lassen. Am nächsten Tag die Backen in Scheiben schneiden, die Sauce erhitzen, das Fleisch darin erwärmen und heiß servieren.

Im Ganzen gefüllter Ochsenschwanz

INFOS

Vorbereitung: 2 Stunden
Kochzeit: 3 bis 4 Stunden
Equipment: Schmortopf mit Deckel, Bräter mit Deckel, Wurstgarn

FLEISCH

1 ganzer Ochsenschwanz, 1,5 bis 2 kg
800 g Schweinenetz, gut gewässert

FÜLLUNG

800 g Rinderhack oder gemischtes Hackfleisch
2 Zwiebeln, gewürfelt und angedünstet
1 TL gemahlener Pfeffer
1 TL Paprikapulver
1 TL getrockneter Majoran
1 TL getrockneter Liebstöckel
1 EL Senfsaat
1 Msp. Macis (Muskatblüte)
1 Msp. gemahlener Kreuzkümmel
10 bis 12 Datteln ohne Stein

SAUCE

3 Zwiebeln, geschält und gewürfelt
150 g Möhren, geschält und gewürfelt
150 g Knollensellerie, geschält und gewürfelt
150 g Lauch, gewürfelt
2 Knoblauchzehen
4 Lorbeerblätter
12 Pfefferkörner
8 Wacholderbeeren
4 Nelken
4 Pimentkörner
1 Zimtstange
1 Zweig Thymian
8 Stängel Petersilie, in 2 cm große Stücke geschnitten

4 Stück Würfelzucker
30 g Tomatenmark
500 ml roter Portwein
3 l Rotwein
Öl zum Anbraten
Speisestärke zum Binden

ZUBEREITUNG

1. Den Ochsenschwanz wie auf Seite 32 beschrieben auslösen: Von der Unterseite schneiden wir mit einem scharfen Messer das Fleisch vorsichtig vom Knochen, so erhält man zwei Teile. Diese legen wir gegeneinander, da es eine dicke und eine dünne Seite gibt, so erhält man eine rechteckige Form.

2. Für die Füllung das Hackfleisch mit den angeschwitzten Zwiebeln, den Gewürzen und Salz (etwa 18 g Salz auf 1 kg Fleisch) vermengen.

3. Den Ochsenschwanz mit der Fleischseite nach oben auf die Arbeitsplatte legen. So geht beim Schmoren die Spannung nach innen und der Ochsenschwanz kann nicht aufplatzen. Die Füllung gleichmäßig auf dem Fleisch verteilen. Die Datteln in die Mitte legen und das Fleisch vorsichtig aufrollen. Das gewässerte Schweinenetz gut ausdrücken und auf der Arbeitsplatte auslegen. Darin den Ochsenschwanz zwei bis drei Mal stramm einwickeln und mit Bratenschnur binden.

4. Den Backofen auf 140 °C vorheizen. Den Ochsenschwanz salzen und im Bräter mit etwas Öl braun anbraten. Herausnehmen und beiseitestellen. Das Gemüse, die Gewürze und Kräuter in den Bräter geben und anrösten. Den Würfelzucker dazugeben und karamellisieren. Das Tomatenmark hinzufügen und unter Rühren langsam anrösten. Den Ansatz mit etwas Portwein ablöschen und wieder anrösten. Diesen Vorgang drei bis fünf Mal wiederholen, so bekommt die Sauce eine kräftige Farbe. Den Rotwein zugießen und einmal aufkochen. Den Ochsenschwanz in den Bräter legen, zudecken und 3 bis 4 Stunden in den Backofen stellen.

5. Den weichen Ochsenschwanz herausnehmen. Die Sauce passieren, den Ansatz auf die Hälfte reduzieren und mit etwas angerührter Speisestärke binden. Den Ochsenschwanz zurück in den Bräter legen und über Nacht in der Sauce ziehen lassen. Ihr könnt den Ochsenschwanz auf zwei Arten genießen: heiß in Scheiben geschnitten und in der Sauce oder kalt in dünne Scheiben geschnitten und lauwarm mit einer Vinaigrette angerichtet.

Heubraten von der Lammkeule

INFOS

Vorbereitung: 2 Stunden für die Sauce
Kochzeit: 3 bis 3,5 Stunden
Utensilien: Bräter mit Deckel

FLEISCH

1,6 bis 2 kg Lammkeule ohne Haxe

GEWÜRZMISCHUNG PRO KILOGRAMM FLEISCH

15 g Salz
1 g schwarzer Pfeffer aus der Mühle
1 g Anis
1 g Knoblauchpulver
1 g Zwiebelpulver

FOND

300 g Lammknochen, klein gehackt
Rapsöl zum Anbraten
1 große Zwiebel, geschält und gewürfelt
80 g Staudensellerie, gewürfelt
80 g Karotten, geschält und gewürfelt
1 EL Tomatenmark
250 ml Weißwein
1 Zweig Thymian
1 Zweig Rosmarin
2 Knoblauchzehen

300 g Heu (Bioheu von Naturwiesen oder selbst gesammeltes, an der Sonne getrocknetes Gras mit vielen Kräutern und Blüten)

ZUBEREITUNG

1. Den Fond vorbereiten: Die Lammknochen mit etwas Öl in einem Bräter anrösten. Das Gemüse dazugeben und rösten, bis es braun ist. Das Tomatenmark hinzufügen und 5 Minuten weiter rösten. Mit dem Weißwein ablöschen und die Kräuter und den Knoblauch dazugeben. Beiseitestellen.

2. Den Backofen auf 150 °C vorheizen. Die Lammkeule mit Salz und Gewürzen würzen. In einer Pfanne von allen Seiten braun anbraten. Die Hälfte des Heus in den Bräter auf den Fond geben, danach die Lammkeule auf das Heu legen und mit dem restlichen Heu rundum bedecken. Den Bräter zudecken und 90 bis 120 Minuten in den Backofen geben. Bei einer Kerntemperatur von 56 bis 60 °C ist die Keule gar.

3. Die Keule herausnehmen und das Heu entfernen. Den Saucenansatz passieren und mit etwas angerührter Speisestärke binden. Die Keule vor dem Anschneiden 10 Minuten ruhen lassen.

TIPP

Für dieses Rezept könnt ihr auch Rehkeule, Ziegenkeule und Rinderrücken verwenden.

Geschmorte Lammhaxen

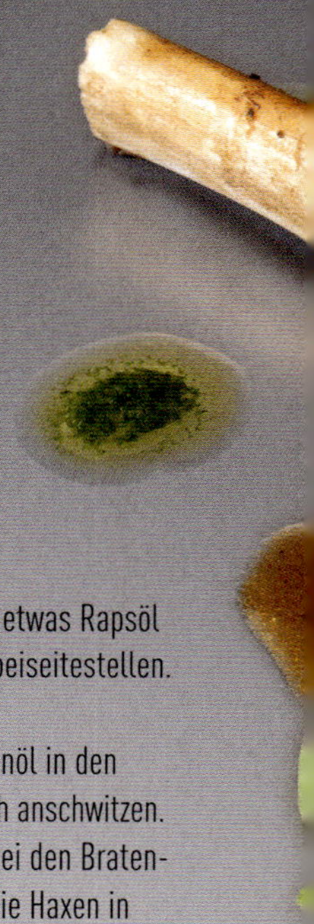

INFOS

Vorbereitung: 30 Minuten
Kochzeit: 3 bis 3,5 Stunden
Utensilien: Schmortopf mit Deckel

FLEISCH

4 Lammhaxen

ZUTATEN

Rapsöl zum Anbraten
Olivenöl
1 große Zwiebel, geschält und gewürfelt
80 g Staudensellerie, gewürfelt
80 g Karotten, geschält und gewürfelt
3 Knoblauchzehen, fein gehackt
1 EL Tomatenmark
250 ml Weißwein
1 l Lammfond (oder Gemüse- bzw. Geflügelfond)
2 Zweige Thymian
2 Zweige Rosmarin
3 Lorbeerblätter
8 schwarze Pfefferkörner
Speisestärke zum Binden

ZUBEREITUNG

1. Die Lammhaxen salzen und in einem Bräter mit etwas Rapsöl von allen Seiten anbraten. Herausnehmen und beiseitestellen.

2. Den Backofen auf 140 °C vorheizen. Etwas Olivenöl in den Bräter geben und das Gemüse und den Knoblauch anschwitzen. Das Tomatenmark dazugeben und anrösten, dabei den Bratensatz immer wieder mit etwas Weißwein lösen. Die Haxen in den Bräter geben und mit dem restlichen Wein und dem Fond auffüllen. Kräuter und Gewürze zugeben und zugedeckt im Backofen 3 Stunden schmoren.

3. Wenn die Haxen gar sind, aus dem Bräter nehmen. Die Temperatur des Backofens auf 180 °C erhöhen. Die Sauce passieren und reduzieren, nach Belieben mit etwas angerührter Speisestärke binden. Die Lammhaxen in die Sauce geben und im Backofen 15 Minuten glasieren.

Papada in Currysauce

INFOS

Vorbereitung: 30 Minuten
Kochzeit: 2,5 bis 3 Stunden
Utensilien: Bräter mit Deckel

FLEISCH

1,5 bis 2 kg Papada (Kinn vom iberischen Schwein, ein spanischer Zuschnitt aus der Schweinefettbacke)

ZUTATEN

- 3 EL Rapsöl
- 2 Knoblauchzehen, fein gehackt
- 60 g Butter
- 2 Zwiebeln, geschält und fein gewürfelt
- 2 Äpfel, geschält und fein gewürfelt
- 1 EL Curry Madras
- 1 EL Curry Saheli (Hela)
- 300 ml Geflügelbrühe
- 2 Stangen Zitronengras, in dünne Ringe geschnitten
- 3 Kaffirlimettenblätter
- 2 Thai Chilischoten
- 1 TL Kardamom
- 1 TL geröstete Koriandersamen
- 1 Sternanis
- 300 ml Kokosmilch
- Abrieb und Saft von 2 Limetten
- 1 EL vietnamesische Fischsauce

ZUBEREITUNG

1. Die Papada salzen und mit 2 EL Rapsöl in einem Bräter von allen Seiten anbraten. Herausnehmen und auf die Seite stellen. 1 EL Rapsöl zugeben und den Knoblauch anschwitzen. Butter, Zwiebel-und Apfelwürfel und die beiden Currys hinzufügen und anrösten. Mit der Geflügelbrühe ablöschen, aufkochen lassen und auf die Hälfte reduzieren.

2. Backofen auf 140 °C vorheizen. Zitronengras, Kaffirlimettenblätter, Chilischoten, Kardamom, Koriander und Sternanis hinzufügen. Mit der Kokosmilch auffüllen und die Papada in den Bräter legen. Im Ofen 2,5 Stunden schmoren.

3. Wenn die Papada weich ist, diese herausnehmen. Die Sauce mixen und passieren. Mit Limettenabrieb und -saft und der Fischsauce abschmecken. Die Schweinebacke in Scheiben schneiden und mit der Sauce servieren.

TIPP

Zu diesem Gericht passt Reis, dazu Pak Choi, Brokkoli, Shiitake-Pilze, Sprossengemüse oder Chinakohl. Wer es etwas schärfer haben möchte, tröpfelt etwas Chiliöl über die Sauce.

Glasierter asiatischer Schweinebauch

INFOS

Vorbereitung: 24 Stunden
Kochzeit: 2,5 bis 3 Stunden
Utensilien: Schüssel mit Deckel zum Marinieren, Bräter

FLEISCH

2,5 bis 3 kg Schweinebauch von freilaufenden Tieren, ohne Rippenknochen und Knorpel
4 l leicht gesalzenes Wasser zum Blanchieren

MARINADE

2 Zimtstangen
3 Sternanis
1 EL Kardamom
1 EL geröstete Koriandersamen
3 Thai Chilischoten
3 Stangen Zitronengras
4 Kaffirlimettenblätter
4 Knoblauchzehen
1 TL schwarzer Pfeffer
2 EL Honig
200 ml Sojasauce
50 ml süße Sojasauce
20 ml vietnamesische Fischsauce
30 ml geröstetes Sesamöl
50 ml Mirin (süßer Reiswein)
50 ml Sake

300 ml Wasser
Speisestärke zum Binden

ZUBEREITUNG

1. Das leicht gesalzene Wasser zum Kochen bringen. Den Bauch waschen und trockentupfen. Das Fleisch sollte überall gleich hoch sein, bei Bedarf entsprechend zuschneiden. Den Bauch ins kochende Wasser geben und bei 80 °C 30 Minuten ziehen lassen. Herausnehmen und etwas abkühlen lassen. Mit einem scharfen Messer die Schwarte vom Bauch lösen, ohne die Fettschicht zu verletzen, und beiseitelegen.

2. Alle Zutaten bis auf das Wasser und die Speisestärke in eine Schüssel geben. Den Bauch dazulegen und beschweren, damit das Fleisch gleichmäßig in der Marinade liegt. Abgedeckt 20 Stunden in den Kühlschrank stellen. Den Bauch zwei bis vier Mal wenden, damit er rundum mariniert wird.

3. Den Backofen auf 135 °C vorheizen. Das Fleisch, die Marinade und 300 ml Wasser in einen Bräter geben. Aufkochen und den Bräter 2,5 Stunden in den Backofen schieben. Sollte der Bauch zu dunkel werden, mit einem Deckel oder Alufolie abdecken. Durch die Marinade wird das Fett wie bei einer Crème brûlée glasiert. Wenn der Bauch weich ist, aus dem Bräter nehmen. Die Sauce passieren und, falls sie zu salzig ist, etwas Wasser dazugeben. Mit Speisestärke leicht binden. Den Bauch in Würfel oder Scheiben schneiden und servieren.

4. Die Schwarte vom Fett befreien und in ganz dünne Streifen schneiden. Im Dörrautomaten oder bei 70 °C im Backofen 5 Stunden trocknen lassen. Wenn ihr die getrockneten Streifen im 180 °C heißen Öl ausbackt, kringeln sie sich zusammen und werden herrlich knusprig.

TIPP

Zu diesem glasierten asiatischen Schweinebauch serviere ich Reis, Glasnudeln oder Eiernudeln sowie Gemüse und Pilze. Und natürlich die knusprigen Schwartenkringel.

Klassischer Sauerbraten vom Rind oder vom Pferd

INFOS

Vorbereitung: 3 bis 5 Tage
Kochzeit: 3 bis 3,5 Stunden
Utensilien: Schüssel mit Deckel zum Marinieren, Bräter mit Deckel

FLEISCH

2 bis 2,5 kg Semerrolle (Schwanzstück vom Rind oder klassisch vom Pferd)

ZUTATEN

Rapsöl zum Anbraten
500 ml roter Portwein
4 Stück Würfelzucker
30 g Tomatenmark
Speisestärke zum Binden
80 g Rosinen, eingeweicht
40 g Mandelstifte, geröstet

MARINADE

3 Zwiebeln, geschält und gewürfelt
150 g Möhren, geschält und gewürfelt
150 g Knollensellerie, geschält und gewürfelt
150 g Lauch, gewürfelt
2 Knoblauchzehen
4 Lorbeerblätter
12 schwarze Pfefferkörner
8 Wacholderbeeren
4 Nelken
4 Pimentkörner
1 Zimtstange
1 Zweig Thymian
8 Stängel Petersilie, in 2 cm lange Stücke geschnitten
3 l Rotwein
150 ml Apfelessig (oder Cidre)

ZUBEREITUNG

1. Das Schwanzstück mit kaltem Wasser waschen, trockentupfen und in eine Schüssel legen. Das gewürfelte Gemüse, Gewürze und Kräuter zugeben und mit dem Rotwein und dem Apfelessig bedecken. Zugedeckt 3 bis fünf Tage im Kühlschrank marinieren.

2. Das Schwanzstück aus der Marinade nehmen, mit kaltem Wasser abwaschen und trockentupfen. Die Marinade durch ein Sieb gießen, Flüssigkeit und Gemüse getrennt aufbewahren.

3. Den Backofen auf 140 °C vorheizen. Das Schwanzstück salzen und im Bräter mit etwas Öl von allen Seiten braun anbraten. Herausnehmen und beiseitestellen. Gemüse und Kräuter aus der Marinade zugeben und anrösten. Den Würfelzucker dazugeben und karamellisieren. Das Tomatenmark hinzufügen und unter Rühren langsam anrösten. Den Ansatz mit etwas Portwein ablöschen und wieder anrösten. Diesen Vorgang drei bis fünf Mal wiederholen, damit die Sauce eine kräftige Farbe bekommt. Den Rotwein von der Marinade zugießen und einmal aufkochen. Das Fleisch in den Bräter legen, zudecken und 3 Stunden in den Backofen stellen.

4. Den weichen Sauerbraten herausnehmen und beiseitestellen. Die Sauce passieren und auf die Hälfte reduzieren. Mit etwas angerührter Speisestärke binden und die eingeweichten Rosinen in die Sauce geben. Den Sauerbraten in Scheiben schneiden und zurück in die Sauce legen. Mit gerösteten Mandeln bestreuen.

TIPP

Traditionell werden zum Sauerbraten Kartoffelknödel und Rotkraut serviert. Aber auch Spätzle, Bandnudeln oder Salzkartoffeln passen ausgezeichnet dazu.

Lungenbraten – gefüllte Filetrolle in Rotwein

INFOS

Vorbereitung: 60 Minuten
Kochzeit: 50 Minuten
Utensilien: Kochtopf, Bratenschnur

FLEISCH

1,5 bis 2 kg Rinderfilet aus dem Mittelstück

FÜLLUNG

30 g Butter
1 Schalotte, geschält und fein gewürfelt
1 Knoblauchzehe, geschält und fein gehackt
300 g Spinat
1 EL Olivenöl
150 g kleine Pfifferlinge (oder andere Pilze)
200 g Geflügel- oder Kalbsbrät (Seite 220 oder vom Metzger)

4 Liter Rotweinsauce (Rezept Bratensauce Seite 217)

ZUBEREITUNG

1. Die Butter in einer Pfanne zerlassen und die Schalotten- und Knoblauchwürfel andünsten. Den Spinat dazugeben und 2 Minuten dünsten. Mit Salz und Pfeffer würzen. Das Olivenöl in einer Pfanne erhitzen und die Pfifferlinge darin anbraten. Spinat und Pilze abkühlen lassen und mit dem Geflügelbrät vermischen.

2. Das Rinderfilet der Länge nach 1 bis 1,5 cm dick aufschneiden, aber nicht durchschneiden, sodass eine große rechteckige Fleischplatte entsteht (siehe Seite 30). Mit Salz und Pfeffer würzen und das Spinat-Pfifferlingsbrät gleichmäßig auf das Fleisch streichen. Das Fleisch zusammenrollen und mit der Bratenschnur im Abstand von 1,5 cm zu einer kompakten Rolle binden.

3. Die Fleischrolle außen mit Salz und Pfeffer würzen. Etwas Rapsöl in einer Pfanne erhitzen und das Fleisch rundherum anbraten. Die Rotweinsauce auf 80 °C erhitzen und die Fleischrolle 45 bis 50 Minuten in der Sauce garen. Herausnehmen, 3 Minuten ruhen lassen und aufschneiden. Den Lungenbraten zusammen mit der Rotweinsauce servieren.

Geschmorte Zickleinschulter

INFOS

Vorbereitung: 40 Minuten
Kochzeit: 2,5 bis 3 Stunden
Utensilien: Bräter

FLEISCH

1,3 kg Ziegenschulter (alternativ Lammschulter)

ZUTATEN

100 ml Olivenöl
100 g Schalotten, geschält und gewürfelt
100 g Zwiebeln, geschält und gewürfelt
150 g Staudensellerie, gewürfelt
3 Knoblauchzehen
2 Zweige Thymian
1 Zweig Rosmarin
1 TL Lavendelblüten
½ TL Kreuzkümmel

2 reife Tomaten, gewürfelt
200 ml Weißwein
200 ml Lammsauce oder Kalbsfond

ZUBEREITUNG

1. Den Backofen auf 150 °C vorheizen. Die Schulter mit etwas Olivenöl einreiben und salzen. In einem Bräter mit dem restlichen Olivenöl rundum anbraten und 30 Minuten in den Backofen geben. Die Schulter ab und zu umdrehen.

2. Das Gemüse und die Gewürze dazugeben und weitere 1,5 Stunden schmoren. Dann die Tomatenwürfel hinzufügen und anrösten. Mit dem Weißwein ablöschen und die Backofentemperatur auf 170 °C erhöhen, damit der Weißwein verdunsten kann.

3. Wenn die Schulter weich wird, die Lammsauce dazugeben und glasieren, bis das Fleisch schön glänzt. Herausnehmen und warmhalten. Die Sauce passieren und zusammen mit der Schulter servieren.

Geschmorter Hirschhals in Rotwein

INFOS

Vorbereitung: 3 Tage
Kochzeit: 4,5 bis 6 Stunden
Utensilien: Schüssel mit Deckel zum Marinieren, Bräter mit Deckel

FLEISCH

5 kg Hirschhals mit Knochen

ZUTATEN

Rapsöl zum Anbraten
4 Stück Würfelzucker
40 g Tomatenmark
750 ml roter Portwein
150 ml passierte Tomaten aus der Dose
Speisestärke zum Binden

MARINADE

3 bis 4 l Rotwein
3 Zwiebeln, geschält und gewürfelt
150 g Möhren, geschält und gewürfelt
150 g Knollensellerie, geschält und gewürfelt
150 g Lauch, gewürfelt
6 Lorbeerblätter
15 Pfefferkörner
15 Wacholderbeeren
6 Nelken
6 Piment
1 Zimtstange
Abrieb von 1 Zitrone
Abrieb von 1 Orange
3 Zweige Thymian
8 Stängel Petersilie, in 2 cm lange Stücke geschnitten

ZUBEREITUNG

1. Den Hirschhals unter kaltem Wasser waschen, trockentupfen und eventuelle Blutgerinnsel entfernen. Das Fleisch in eine Schüssel legen. Für die Marinade das Gemüse, die Gewürze und die Kräuter dazugeben und mit dem Rotwein bedecken. Zugedeckt 3 Tage im Kühlschrank marinieren.

2. Den Hirschhals aus der Marinade nehmen, kurz unter kaltem Wasser waschen und trockentupfen. Die Marinade durch ein Sieb passieren, das Gemüse und die Flüssigkeit getrennt aufbewahren.

3. Den Backofen auf 140 °C vorheizen. Den Hirschhals salzen und im Bräter mit etwas Öl von allen Seiten braun anbraten. Herausnehmen und beiseitestellen. Das Gemüse und die Kräuter aus der Marinade dazugeben und anrösten. Den Würfelzucker dazugeben und karamellisieren. Das Tomatenmark hinzufügen und unter Rühren langsam anrösten. Den Ansatz mit etwas Portwein ablöschen und wieder anrösten. Diesen Vorgang drei bis fünf Mal wiederholen, damit die Sauce eine kräftige Farbe bekommt. Die Marinade und die passierten Tomaten zugeben und einmal aufkochen. Das Fleisch in den Bräter legen, zudecken und 4 bis 6 Stunden im Backofen schmoren lassen.

4. Wenn der Hirschhals weich ist, aus dem Bräter nehmen und warmhalten. Die Sauce passieren, auf die Hälfte reduzieren und mit etwas angerührter Speisestärke binden. Den Hirschhals vom Knochen lösen, in Scheiben schneiden und zurück in die Sauce legen.

TIPP

Dieses Rezept kann auch mit Hals vom Reh oder Damwild zubereitet werden. Dann verringert sich die Zeit im Backofen auf 2,5 bis 3 Stunden. Bei Wildschweinhals beträgt die Garzeit 3 Stunden.

Geschmorte Rehschulter »Asian Style«

INFOS

Vorbereitung: 30 Minuten
Kochzeit: 4 bis 5 Stunden
Equipment: 2 Pfannen, die ineinanderpassen, mit hohem Rand und Deckel und am besten mit kurzem Griff

FLEISCH

1,3 kg Rehschulter

ZUTATEN

2 Stangen Lauch
150 g frischer Ingwer
5 Knoblauchzehen
15 Shiitake-Pilze
2 Sternanis
1 Zimtstange
2 Thai-Chilischoten
1 EL Koriandersamen, geröstet
300 ml dicke Sojasauce
50 ml Mirin (süßer Reiswein)
400 ml dunkler Reh- oder Wildfond
25 g Kandiszucker
Speisestärke oder Tapiokamehl zum Binden

ZUBEREITUNG

1. Die Rehschulter waschen, trockentupfen und leicht salzen. Den Lauch waschen und in 2 cm dicke Scheiben schneiden. Den Ingwer schälen und in Scheiben schneiden. Den Knoblauch schälen und vierteln.

2. In die kleinere der beiden Pfannen Lauch, Ingwer, Knoblauch, Shiitake-Pilze, Sternanis, Zimtstange, Chilischoten und gerösteten Koriander geben. Die Rehschulter auf das Gemüse legen und mit Sojasauce und Mirin beträufeln. Den Kandiszucker darüberstreuen.

3. Auf den Boden der größeren Pfanne ein gefaltetes Geschirrtuch legen, damit es später beim Kochen nicht klappert. Die kleine Pfanne mit der Rehschulter zugedeckt in die große Pfanne stellen. In die große Pfanne Wasser bis zwei Zentimeter unter den Rand füllen und zum Kochen bringen. Dann die große Pfanne ebenfalls mit einem Deckel verschließen und die Schulter 4 bis 5 Stunden am Siedepunkt halten. Ab und zu etwas heißes Wasser nachfüllen.

4. Die geschmorte Rehschulter mit allen Zutaten auf eine Platte geben und warmhalten. Die Sauce in einen kleinen Topf gießen und mit der angerührten Speisestärke binden. Über die Schulter geben und servieren.

TIPP

Zur Rehschulter passt Duft- oder Jasminreis. Wer möchte, kann Gemüse, Sprossen oder gebratenen Minimais dazu servieren.

GRILLEN, BBQ UND SMOKEN

Die Rezepte in diesem Kapitel gelingen am besten mit einem Keramikgrill oder einem Smoker. Ihr könnt aber auch die Grillfunktion des Backofens verwenden.

Rinderrippe – Short Ribs

INFOS

Vorbereitung: 12 Stunden
Kochzeit: 9 Stunden
Equipment: Keramikgrill, Smoker, Backofen

FLEISCH

5 bis 7 kg Rinderrippe (Short Ribs) vom Wagyu, Angus oder Hereford

GEWÜRZMISCHUNG „RIB RUB“

30 g Meersalz
1 EL Selleriesalz
40 g Rohrzucker
30 g Paprikapulver
40 g Knoblauchpulver
40 g Zwiebelpulver
1 TL Cayennepfeffer
30 g Ingwerpulver
2 EL Chiliflocken
1 EL schwarzer Pfeffer aus der Mühle

ZUBEREITUNG

1. Alle Zutaten für die Gewürzmischung „Rib Rub“ vermengen und, wenn sie nicht sofort verwendet wird, in einem verschließbaren Glas aufbewahren.

2. Die Silberhäutchen, die auf den Rippenknochen liegen, entfernen. Die Rippe in große Stücke teilen, sodass diese auf den Grill bzw. Smoker passen. Mit dem Rub von allen Seiten einreiben und über Nacht zugedeckt in den Kühlschrank stellen.

3. Die Rippen aus dem Kühlschrank nehmen und Zimmertemperatur annehmen lassen. Den Keramikgrill oder Smoker auf 120 °C vorheizen. Die Ribs auf den Grill legen und bei 110 °C indirekter Hitze etwa 9 Stunden garen. Die Kerntemperatur soll 90 °C betragen.

Vorbereitung: 12 Stunden
Kochzeit: 10 bis 12 Stunden
Utensilien: Keramikgrill

FLEISCH

6 bis 8 kg Rinderbrust (Brisket) vom Wagyu, Angus, Hereford

GEWÜRZMISCHUNG „BEEF BRISKET RUB“

40 g Meersalz
1 EL Selleriesalz
40 g Rohrzucker
30 g Paprikapulver
40 g Knoblauchpulver
40 g Zwiebelpulver
1 TL Cayennepfeffer
30 g Ingwerpulver
20 g gemahlener Kreuzkümmel
1 EL Jalapeño-Pulver
1 EL schwarzer Pfeffer aus der Mühle

1. Alle Zutaten für die Gewürzmischung „Beef Brisket Rub“ vermengen und, wenn sie nicht sofort verwendet wird, in einem verschließbaren Glas aufbewahren.

2. An der Bruststpitze etwas Fett entfernen. Das Fleisch von allen Seiten mit dem Rub einreiben und über Nacht zugedeckt in den Kühlschrank stellen.

3. Die Rinderbrust aus dem Kühlschrank nehmen und Zimmertemperatur annehmen lassen. Den Keramikgrill oder Smoker auf 120 °C vorheizen. Das Fleisch in den Keramikgrill legen und bei 110 °C indirekter Hitze 10 bis 12 Stunden garen. Die Kerntemperatur soll 90 °C betragen.

TIPP

Wenn die Rinderbrust sehr saftig werden soll, legt ihr die Brust zunächst 2 Stunden auf den Grill. Dann legt ihr das Fleisch in einen Bräter, gebt 500 ml Wasser dazu und lasst es zugedeckt weitere 8 Stunden im Grill garen. So entsteht ein herrlicher Bratensaft.

Gesmokte Rinderstelze

INFOS

Vorbereitung: 12 Stunden
Kochzeit: 7 bis 9 Stunden
Utensilien: Keramikgrill

FLEISCH

3,2 bis 4 kg Rinderstelze vom Wagyu, Angus, Hereford, Galloway, Limousin-Rind

GEWÜRZMISCHUNG „BEEF KNUCKLE RUB"

40 g Meersalz
30 g Rohrzucker
30 g Paprikapulver
40 g Knoblauchpulver
1 TL Cayennepfeffer
20 g Ingwerpulver
20 g gemahlener Kreuzkümmel
10 g gemahlene Fenchelsamen
10 g gemahlener Koriander
1 EL schwarzer Pfeffer aus der Mühle

ZUBEREITUNG

1. Alle Zutaten für die Gewürzmischung „Beef Knuckle Rub" vermengen und, wenn sie nicht sofort verwendet wird, in einem verschließbaren Glas aufbewahren.

2. Die Rinderstelze von allen Seiten mit der Gewürzmischung einreiben und über Nacht zugedeckt in den Kühlschrank stellen.

3. Die Rinderstelze aus dem Kühlschrank nehmen und Zimmertemperatur annehmen lassen. Den Keramikgrill oder Smoker auf 120 °C vorheizen. Die temperierte Rinderstelze in den Keramikgrill legen und bei 110 °C indirekter Hitze 7 bis 9 Stunden garen. Die Kerntemperatur soll 90 °C betragen.

Gegrilltes Milchkalbskarree

INFOS

Vorbereitung: 4 Stunden
Kochzeit: 50 Minuten
Utensilien: Keramikgrill

FLEISCH

2 bis 3 kg Milchkalbskarree

GEWÜRZMISCHUNG „CALF RUB"

30 g Meersalz
1 EL Selleriesalz
40 g Knoblauchpulver
40 g Zwiebelpulver
30 g Rohrzucker
30 g Paprikapulver
30 g Ingwerpulver
10 g Kurkuma
10 g Bockshornkleesaat, gemörsert
10 g Kreuzkümmel, gemörsert
1 TL schwarzer Pfeffer aus der Mühle

2 EL geröstete Koriandersamen

ZUBEREITUNG

1. Mit einem scharfen Messer die Rippen sauber abschaben und das Silberhäutchen vom Milchkalbskarree entfernen.

2. Für die Gewürzmischung alle Zutaten vermengen. Das Milchkalbskarree mit der Gewürzmischung und dem gerösteten Koriandersamen würzen. 4 Stunden ruhen lassen.

3. Den Keramikgrill oder Smoker-Grill auf 200 °C vorheizen. Das Milchkalbskarree in den Grill legen und bei 160 °C indirekter oder direkter Hitze 40 bis 50 Minuten garen. Die Kerntemperatur soll 54 bis 58 °C betragen. Das Fleisch nach dem Grillen mindestens 5 Minuten ruhen lassen.

Gegrilltes Kalbsherz

INFOS

Vorbereitung: 2 Stunden
Kochzeit: 1 bis 1,5 Stunden
Utensilien: Keramikgrill oder Smoker-Grill, Bratenschnur

FLEISCH

1 frisches Kalbsherz

ZUTATEN

1 l Wasser
80 g Salz

1 Zweig Thymian
1 Zweig Estragon
2 Lorbeerblätter
1 TL grob gemörserter schwarzer Pfeffer
1 Knoblauchzehe

ZUBEREITUNG

1. Das Wasser leicht erwärmen und das Salz darin auflösen. Das Herz waschen, von Blutgerinnseln befreien und 1 Stunde in die Salzlake legen. Danach herausnehmen und gut trocknen. Die Gewürze und Kräuter in das Herz füllen und dieses mit einer Bratenschnur wieder zusammenbinden.

2. Den Keramikgrill oder Smoker-Grill auf 180 °C vorheizen. Das Herz in den Grill legen und bei 160 °C indirekter Hitze 1 bis 1,5 Stunden garen. Die Kerntemperatur soll 58 °C betragen.

TIPP

Das Herz hauchdünn aufschneiden. Ich serviere es gerne mit Roter Bete und frischem Meerrettich. Die feinen Kalbsherzscheiben können aber auch in einen Salat verwandelt oder in ein Sandwich gefüllt werden.

Gefüllte Spanferkelkeule

INFOS

Vorbereitung: 2 Stunden
Kochzeit: 6 Stunden
Utensilien: Keramikgrill oder Smoker-Grill, Bratenschnur und Fleischnadel

FLEISCH

2,8 bis 3,2 kg Spanferkelkeule

FÜLLUNG

Hüftfleisch von der Spanferkelkeule
100 g Schweinebauch ohne Schwarte
100 g fermentierte schwarze Bohnen (erhältlich im Asia Markt)
50 g thailändischer grüner Pfeffer
1 grüne oder rote Chilischote, fein gewürfelt
40 g Ingwer, geschält und fein gewürfelt
1 EL gerösteter Sesam
1 TL Korianderpulver
1 EL Honig
1 TL Curry Mahima (Hela)

ZUBEREITUNG

1. Von der Spanferkelkeule den Schlossknochen und den Mittelknochen entfernen. Die Hüfte von der Schwarte trennen, aber nicht abschneiden, so dass wir sie später zuklappen und zusammennähen können (siehe Seite 28).

2. Das abgetrennte Hüftfleisch und den Schweinebauch durch den Fleischwolf drehen. Salzen und die Fleischmasse 3 Minuten massieren, bis die Eiweißbindung einsetzt. Die restlichen Zutaten unterarbeiten. Die Keule von innen salzen und füllen. Mit der Schwarte zuklappen und zusammennähen.

3. Den Keramikgrill oder Smoker-Grill auf 200 °C vorheizen. Die Keule von außen salzen, in den Grill legen und 5 bis 6 Stunden bei 160 °C indirekter Hitze garen. Die Kerntemperatur soll 74 bis 76 °C betragen.

TIPP

Während der letzten Stunde im Grill könnt ihr die Keule glasieren, indem ihr das Fleisch immer wieder mit einer Mischung aus Sojasauce, Honig, Mirin (süßer Reiswein) und Reisessig bestreicht.

Schweinekotelett

INFOS

Vorbereitung: 2 Stunden
Kochzeit: 1 Stunde
Utensilien: Keramikgrill oder Smoker-Grill

FLEISCH

2,5 bis 3 kg Schweinerücken mit Knochen, am besten von einer fetteren Schweinerasse wie Buntes Bentheimer, Schwäbisch-Hällisches Landschwein oder Aktivstall-Schwein

ZUTATEN

½ TL Cayennepfeffer
½ TL gemahlener Kreuzkümmel
1 TL schwarzer Pfeffer aus der Mühle
2 EL Salz

ZUBEREITUNG

1. Mit einem scharfen Messer das Fleisch zwischen den Rippen herausschneiden. Die Rippen sauber abschaben. Das abgeschnittene Fleisch kann verwendet werden, um eine Sauce oder eine Brühe anzusetzen. Das Schweinekotelett auf der Fettseite kreuzförmig im Abstand von 1 cm einschneiden. Würzen und 2 Stunden ruhen lassen.

2. Den Keramikgrill oder Smoker-Grill auf 220 °C vorheizen. Das Schweinekotelett in den Grill legen und 1 Stunde bei 160 °C indirekter Hitze garen. Die Kerntemperatur soll 60 bis 66 °C betragen. Schweinefleisch muss nicht immer durchgegart sein, es schmeckt auch rosa köstlich. Wenn die Hitze im Grill zu hoch ist, schiebt ihr die Kohle auseinander oder reduziert die Hitze.

Gegrilltes Hirschkarree

INFOS

Vorbereitung: 60 Minuten
Kochzeit: 40 Minuten
Utensilien: Keramikgrill

FLEISCH

1,3 bis 1,8 kg Hirschkarree

ZUTATEN

5 Wacholderbeeren, fein gemörsert
1 EL schwarzer Pfeffer aus der Mühle
1 EL Salz

ZUBEREITUNG

1. Vom Hirschkarree das Silberhäutchen, wie auf den Seiten 40/41 beschrieben, auf der Rippenseite entfernen. Die Fleischseite parieren. Das Fleisch würzen und 1 Stunde ruhen lassen.

2. Den Keramikgrill auf 200 °C vorheizen. Das Hirschkarree in den Grill legen und 40 Minuten bei 160 °C indirekter oder direkter Hitze garen. Die Kerntemperatur soll 54 bis 58 °C betragen.

TIPP

Wenn ihr dieses Rezept mit Reh oder Damwild macht, verringert sich die Garzeit – nutzt am besten ein digitales Fleischthermometer.

Lammschulter

INFOS

Vorbereitung: 6 Stunden
Kochzeit: 3 bis 4 Stunden
Utensilien: Keramikgrill

FLEISCH

1,2 bis 1,5 kg Lammschulter, am besten von Moor- oder Heidschnucken

GEWÜRZMISCHUNG „LAMB RUB"

20 g Meersalz
20 g Rohrzucker
20 g Paprikapulver
30 g Knoblauchpulver
20 g Zwiebelpulver
1 TL Cayennepfeffer
20 g Ras el-Hanout (marokkanische Gewürzmischung)
10 g Senfpulver
1 TL schwarzer Pfeffer aus der Mühle
50 ml Olivenöl

ZUBEREITUNG

1. Für die Gewürzmischung alle Zutaten mit dem Olivenöl zu einer Paste verrühren. Die Lammschulter damit von allen Seiten einreiben und 6 Stunden ruhen lassen. Falls ihr nicht die gesamte Gewürzmischung benötigt, könnt ihr den Rest in einem verschließbaren Glas mehrere Tage im Kühlschrank aufbewahren.

2. Den Keramikgrill oder Smoker-Grill auf 120 °C vorheizen. Die Lammschulter in den Grill legen und bei 110 °C indirekter Hitze 3 bis 4 Stunden garen. Die Kerntemperatur soll 58 bis 65 °C betragen.

Kelle Söğüş – gegrillter Lammkopf

INFOS

Vorbereitung: 6 Stunden
Kochzeit: 5 bis 7 Stunden
Utensilien: Keramikgrill oder Smoker-Grill, Backofen, großer Bräter mit Deckel

FLEISCH

4 Lammköpfe, komplett mit Zunge, Bäckchen, Hirn und Augen

GEWÜRZMISCHUNG „LAMB RUB“

20 g Meersalz
20 g Rohrzucker
20 g Paprikapulver
30 g Knoblauchpulver
20 g Zwiebelpulver
1 TL Pul Biber (türkische Gewürzmischung mit getrocknetem und zerstoßenem scharfem Paprika)
20 g gemahlener Kreuzkümmel
10 g Senfpulver
1 TL schwarzer Pfeffer aus der Mühle
50 ml Olivenöl

200 bis 300 ml Wasser

ZUBEREITUNG

1. Die Lammköpfe waschen, trockentupfen und eventuell vorhandene Blutgerinnsel abschneiden.

2. Für die Gewürzmischung alle Zutaten mit dem Olivenöl vermischen. Die Köpfe gut mit dem Lamb Rub einreiben und 6 Stunden ruhen lassen.

3. Den Keramikgrill oder Smoker-Grill auf 200 °C vorheizen. Die Lammköpfe bei 160 °C indirekter Hitze 90 Minuten in den Grill legen.

4. Den Backofen auf 140 °C vorheizen. Die Köpfe aus dem Grill nehmen und in einen Bräter legen. Wasser zugeben, Deckel aufsetzen und 5 Stunden in den Backofen geben. Der Kopf muss weich sein und sich leicht auseinanderlösen lassen. Um an das Hirn zu kommen, müsst ihr eventuell ein Beil benutzen.

5. Backenfleisch, Zunge, Hirn, Kopffleisch und die Augen werden vorsichtig ausgelöst. Serviert wird dies auf einem dünnen Fladenbrot (Lavash-Brot), entweder als Tellergericht oder aufgerollt. Dazu passen Knoblauchsauce, Petersilie, gewürfelte Tomaten und Zwiebeln sowie Pul Biber.

Gegrillte Wildtauben

INFOS

Vorbereitung: 1 Stunden
Kochzeit: 30 bis 40 Minuten
Utensilien: Grill mit Drehspieß

FLEISCH

4 Wildtauben (Bresse-Tauben) oder Zuchttauben

WÜRZPASTE

10 Wacholderbeeren
1 TL Thymian
2 Backpflaumen
Abrieb von 1 Orange
schwarzer Pfeffer aus der Mühle
1 EL Olivenöl

2 trockene Tannen- oder Kieferzapfen

ZUBEREITUNG

1. Für die Würzpaste die Wacholderbeeren, den Thymian und die Backpflaumen fein hacken. Mit dem Pfeffer, Orangenabrieb und Olivenöl zu einer Paste vermischen.

2. Die Tauben waschen und von innen und außen gut trockentupfen. Von innen leicht salzen und die Paste großzügig in den Tauben verteilen. Die Tauben 1 Stunde marinieren lassen.

3. Den Grill auf 150 °C vorheizen. Die Tauben außen leicht salzen und auf den Grillspieß stecken. Den Spieß in den Grill einsetzen und die Tauben 30 Minuten drehend garen. In den letzten 5 Minuten die zerkleinerten Tannen- oder Kieferzapfen in den Grill geben, damit die Tauben ein schönes Räucheraroma bekommen. Die Kerntemperatur soll 54 bis 56 °C betragen. Vor dem Servieren die Tauben kurz ruhen lassen, dann die Brüste und Keulen von der Karkasse trennen (siehe Seite 52). Mit den Karkassen könnt ihr eine köstliche Brühe ansetzen.

SIEDEN, KOCHEN UND DÄMPFEN

Tafelspitz

INFOS

Vorbereitung: 30 Minuten
Kochzeit: 2,5 Stunden
Utensilien: Kochtopf

FLEISCH

1,7 kg Rindertafelspitz
3 bis 5 Rindermarkknochen

ZUTATEN

5 l Wasser
150 g Möhren
150 g Knollensellerie
150 g Lauch
3 Zwiebeln mit Schale
4 Lorbeerblätter
12 schwarze Pfefferkörner
8 Wacholderbeeren
4 Nelken
4 Pimentkörner
1 Zweig Thymian
1 Zweig Liebstöckel
10 Stängel Petersilie

ZUBEREITUNG

1. Das Wasser in einem Topf zum Kochen bringen und den Tafelspitz 2 Minuten darin blanchieren. Das Wasser abgießen. Den Tafelspitz und die Markknochen in den Topf geben, mit frischem Wasser bedecken, salzen und zum Kochen bringen. Den Eiweißschaum mit einem Schaumlöffel abschöpfen. Den Tafelspitz 1 Stunde lang zugedeckt bei 78 bis 80 °C köcheln lassen, so bleibt die Brühe klar. Wer möchte, kann den Tafelspitz vor dem Kochen kurz anbraten.

2. Während der Tafelspitz köchelt, das geputzte Gemüse in große Würfel schneiden. Die Zwiebeln mit der Schale halbieren und in einer Pfanne ohne Öl schwarz anbraten. Dies ergibt später eine kräftige dunkle Brühe. Gemüse und Zwiebeln zum Tafelspitz geben. Nach 30 Minuten die Gewürze und Kräuter hinzufügen.

3. Nach 2,5 Stunden kontrollieren, ob der Tafelspitz zart ist: Eine dünne Fleischgabel einstechen und den Tafelspitz hochhalten – löst er sich leicht von der Gabel, ist er fertig.

TIPP

Der Tafelspitz kann auf vielfältige Art serviert werden: mit Meerrettichsauce, als Tafelspitzsuppe, als Salat, kalt und dünn aufgeschnitten mit Meerrettich und Kürbiskernöl oder gebacken mit Kartoffel-Gurkensalat.

Rinderbrustkern

INFOS

Vorbereitung: 30 Minuten
Kochzeit: 2,5 bis 3 Stunden
Utensilien: Kochtopf

FLEISCH

1,5 kg Rinderbrust (am besten das mittlere Kernstück)
3 bis 5 Rindermarkknochen

ZUTATEN

5 l Wasser
3 Zwiebeln mit Schale
150 g Möhren
150 g Knollensellerie
150 g Lauch
4 Lorbeerblätter
12 schwarze Pfefferkörner
8 Wacholderbeeren
4 Nelken
4 Piment
1 Zweig Thymian
1 Zweig Liebstöckel
10 Stängel Petersilie

ZUBEREITUNG

1. In einem Topf das Wasser zum Kochen bringen und die Rinderbrust 2 Minuten darin blanchieren. Das Wasser abgießen. Die Rinderbrust und die Markknochen in den Topf geben, mit frischem Wasser bedecken, salzen und zum Kochen bringen. Den Eiweißschaum mit einem Schaumlöffel abschöpfen. Die Rinderbrust 1 Stunde zugedeckt bei 78 bis 80 °C köcheln lassen, so bleibt die Brühe klar. Wer möchte, kann die Rinderbrust vor dem Kochen kurz anbraten.

2. Während die Rinderbrust köchelt, das geputzte Gemüse in große Würfel schneiden. Die Zwiebeln mit der Schale halbieren und in einer Pfanne ohne Öl schwarz anbraten. Dies ergibt später eine kräftige dunkle Brühe. Gemüse und Zwiebeln zur Rinderbrust geben. Nach 60 Minuten die Gewürze und Kräuter hinzufügen.

3. Nach 2,5 bis 3 Stunden kontrollieren, ob das Fleisch zart ist: Eine dünne Fleischgabel einstechen und die Rinderbrust hochhalten – löst sie sich leicht von der Gabel, ist sie fertig.

TIPP

Hier einige Ideen, wie ihr die Rinderbrust servieren könnt: auf Kartoffel-Kürbisgemüse, mit Meerrettichsauce, als Eintopf mit Grießnocken oder als Gröstl (Bratkartoffeln mit Zwiebeln, Rinderbrustwürfeln, Speck und Spiegelei)

Gepökelte Kalbszunge

INFOS

Vorbereitung: 20 Minuten
Kochzeit: 2 bis 2,5 Stunden
Utensilien: Kochtopf

FLEISCH

900 bis 1200 g gepökelte Kalbszunge
(vom Metzger oder selbst gepökelt (Rezept Seite 220)

ZUTATEN

3 l Wasser
2 Schalotten
150 g Knollensellerie, geschält und gewürfelt
150 g weißer Lauch, gewürfelt
2 Lorbeerblätter
1 Knoblauchzehe
10 weiße Pfefferkörner
1 Zweig Thymian
1 Stängel Liebstöckel

ZUBEREITUNG

1. Das Wasser in einem Topf aufkochen, salzen und die Kalbszunge hinzufügen. Aufkochen lassen und den entstehenden Eiweißschaum abschöpfen. Die Temperatur reduzieren und das Gemüse, die Gewürze und die Kräuter hinzugeben. Die Kalbszunge bei 80 °C 2 bis 2,5 Stunden ziehen lassen.

2. Wenn sich die Spitze der Kalbszunge mit den Fingern leicht eindrücken lässt, ist sie gar. Die Zunge herausnehmen, im Eiswasser abschrecken und die feste Haut auf der Oberseite der Zunge abziehen.

TIPP

Möglichkeiten, die Kalbszunge zu servieren: zu Spargel oder zu Salaten, dünn aufgeschnitten als Zungensalat, warm in Meerrettichsauce oder in einer Velouté mit Pilzen und Reis, paniert und gebacken.

Gefüllter Kalbsfuß

INFOS

Vorbereitung: 4 Stunden
Kochzeit: 4 Stunden
Utensilien: Kochtopf, Ausbeinmesser, Fleischwolf, Bratenschnur und Fleischnadel

FLEISCH

1 Kalbsfuß

FOND

Knochen vom Kalbsfuß
4 l Wasser
30 g Salz
2 Zwiebeln
300 g Wurzelgemüse (Karotte, Knollensellerie, Lauch)
2 Knoblauchzehen
1 Zweig Thymian
3 Lorbeerblätter
5 Nelken
7 Pimentkörner
8 Wacholderbeeren

FÜLLUNG

300 g Kalbfleisch aus der Schulter
150 g Schweinefettbacke
2 Knoblauchzehen, geschält und gewürfelt
2 Schalotten, geschält und gewürfelt
30 g Butter
2 Chilischoten, entkernt und gewürfelt
20 g Liebstöckel, frisch oder getrocknet
9 g Salz
5 g Ras el-Hanout
4 g schwarzer Pfeffer aus der Mühle
3 g gemahlener Koriander
Abrieb von 1 Zitrone
1 EL Honig

ZUBEREITUNG

1. Mit einem Ausbeinmesser von der Knochenseite beginnend den Knochen auslösen. Dabei mit Gefühl um den Knochen herum schneiden, die Haut lösen und bis zum Gelenkknochen herunterziehen. Dort kann der Knochen einfach abgelöst werden. So ergibt sich eine Tasche, die gefüllt werden kann. Oder einfacher: Bittet euren Metzger, den Knochen auszulösen.

2. Das Wasser in einem Topf zum Kochen bringen. Kalbsknochen, Salz, Gemüse, Thymian und Gewürze hinzufügen und 3 Stunden bei geringer Hitze ziehen lassen. Den Fond durch ein Tuch gießen und zurück in den Topf gießen.

3. Kalbfleisch und Fettbacke in kleine Würfel schneiden und mit den restlichen Zutaten vermischen. Im Kühlschrank 3 Stunden marinieren lassen. Danach durch den Fleischwolf drehen (3 bis 5 mm Lochscheibe). Alles gut durchkneten, bis die Eiweißbindung einsetzt.

4. Die Masse bis 2 cm unter den Rand in den Kalbsfuß füllen. Mit Fleischnadel und Bratenschnur den Fuß zusammenbinden und im Fond 4 Stunden bei 80 °C ziehen lassen.

TIPP

Den Kalbsfuß heiß aus dem Fond servieren und in Scheiben schneiden. Oder im Backofen bei 180 °C Oberhitze kurz bräunen, damit die Haut knusprig wird. Ihr könnt den Kalbsfuß auch kalt mit Senf und Mixed Pickles essen.

Kesselfleisch

INFOS

Vorbereitung: 30 Minuten
Kochzeit: 2,5 bis 3 Stunden
Utensilien: Kochtopf mit 15 l Fassungsvermögen oder ein Wurstkessel

FLEISCH

1 halber Schweinekopf (beim Metzger vorbestellen)
500 g Schweinebauch oder -brust
2 bis 4 Spitzbeine
2 Schweineschwänze
Nach Belieben auch Rippchen, Fettwamme, Schulterstück oder Eisbeine verwenden

ZUTATEN

10 bis 15 l Wasser
3 Zwiebeln, geschält und halbiert
2 Möhren, geschält und in grobe Stücke geschnitten
5 Lorbeerblätter

ZUBEREITUNG

1. Das Wasser im Topf aufkochen und das Fleisch zugeben. Aufkochen lassen und mit einem Schaumlöffel Eiweiß und Schwebstoffe abschöpfen. Die Temperatur auf 80 °C reduzieren und das Kesselfleisch 2 Stunden ziehen lassen. Die Möhren, Zwiebeln und Lorbeerblätter dazugeben und das Fleisch weitere 30 bis 60 Minuten simmern lassen, bis es gar ist.

2. Das Kesselfleisch aus der Brühe holen und auf einer großen Platte servieren. So kann sich jeder sein Stück abschneiden oder abbrechen. Dazu passen Brot, Kümmel, fein geschnittene Zwiebeln, frischer Meerrettich, Salz, Pfeffer und ein kühles Bier.

TIPP

Dies ist ein rustikales Essen, das früher bei Hausschlachtungen gegessen wurde. Für mich ist es aber gerade im Winter ein seelenwärmendes Essen für Freunde und Familie.

Badisches Schäufele

INFOS

Vorbereitung: 30 Minuten
Kochzeit: 3 bis 4 Stunden
Utensilien: Kochtopf mit Deckel, Kartoffelreibe

FLEISCH

1,2 bis 1,5 kg Schäufele (gepökeltes Schulterstück), beim Metzger bestellen oder selbst pökeln (Rezept Seite 220)

SAUERKRAUT

100 g Schweineschmalz
3 Zwiebeln, geschält und in feine Streifen geschnitten
100 g leicht geräucherter Bauchspeck, in feine Streifen geschnitten
3 kg Weinsauerkraut
500 ml trockener Weißwein
2 EL Honig

GEWÜRZE

3 Lorbeerblätter
10 Wacholderbeeren
5 Nelken
5 Pimentkörner
10 schwarze Pfefferkörner

2 Möhren, geschält
1 bis 2 l Geflügelbrühe
1 mittelgroße Kartoffel, geschält und fein gerieben

ZUBEREITUNG

1. Das Schweineschmalz im Topf erhitzen. Die Zwiebeln und den Speck darin andünsten. Das Kraut dazugeben und mit dem Weißwein ablöschen. Honig und Salz zum Kraut geben und einmal aufkochen lassen.

2. Die Gewürze in ein Teeei geben. Das Schäufele auf das Kraut setzen, die Möhren und das Teeei mit den Gewürzen dazugeben. Etwas Geflügelbrühe zugießen und das Kraut zugedeckt bei kleiner Hitze köcheln lassen. Ab und zu das Schäufele umdrehen und bei Bedarf Geflügelbrühe nachfüllen. Nach 3 bis 4 Stunden ist das Fleisch gar. Das Schäufele herausnehmen und das Kraut mit der geriebenen Kartoffel binden. Das Schäufele in Scheiben schneiden und mit dem Kraut servieren.

TIPP

Salzkartoffeln, Kartoffelpüree oder Kartoffelknödel schmecken köstlich zum Badischen Schäufele. Wenn das Kraut ein intensives Aroma bekommen soll, lasst ihr gepökelten Schweinebauch, Eisbein, Schweinefüßchen oder Schweineschwänzchen mitkochen.

Berliner Eisbein

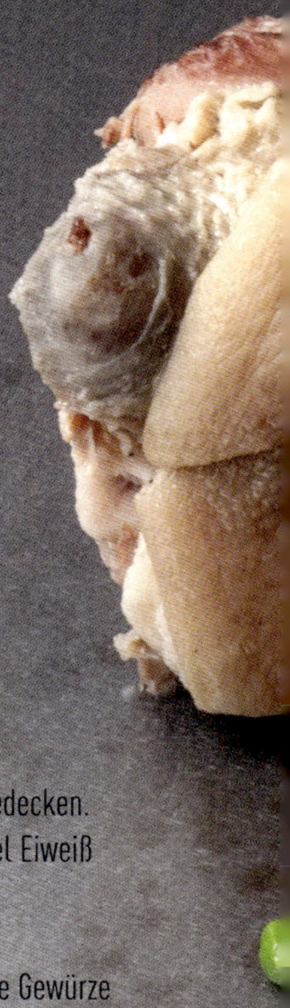

INFOS

Vorbereitung: 20 Minuten
Kochzeit: 2,5 bis 3 Stunden
Utensilien: Kochtopf mit Deckel

FLEISCH

4 Eisbeine (gepökelte Schweinehaxen),
beim Metzger bestellen oder selbst pökeln, siehe Seite 220

ZUTATEN

3 Zwiebeln, geschält und geviertelt
2 Möhren, geschält und in grobe Stücke geschnitten
1 Knollensellerie, geschält und in grobe Stücke geschnitten
1 Zweig Thymian
6 Stängel Petersilie
2 Lorbeerblätter
7 Pimentkörner
8 Wacholderbeeren

ZUBEREITUNG

1. Die Eisbeine in den Topf legen und mit Wasser bedecken. Zum Kochen bringen und mit einem Schaumlöffel Eiweiß und Schwebstoffe abschöpfen.

2. Nach 90 Minuten das Gemüse, die Kräuter und die Gewürze dazugeben. Bei 80 °C etwa 2,5 bis 3 Stunden ziehen lassen, bis die Eisbeine weich sind.

TIPP

Berliner Eisbein wird mit Sauerkraut, Erbsenpüree, Senf und Salzkartoffeln serviert. Ihr könnt es aber auch kalt essen. Ich gare Eisbein gerne wie das Badische Schäufele im Sauerkraut (Rezept Seite 160).

Schweinekopf »Korean Style«

INFOS

Vorbereitung: 20 Minuten
Kochzeit: 2,5 bis 3 Stunden
Utensilien: Kochtopf mit Deckel

FLEISCH

1 halber Schweinekopf mit Fettbacke

ZUTATEN

4 l Wasser
250 ml Ganjang (koreanische Sojasauce, die vollständig aus fermentierten Sojabohnen und Salzlake hergestellt wird)
100 ml Soju (koreanischer Reiswein, 20 % Alkohol)
8 Knoblauchzehen, geschält
100 g Ingwer, in Scheiben geschnitten
3 EL Honig
1 Bund Frühlingszwiebeln, in Scheiben geschnitten

ZUBEREITUNG

1. Wenn der Schweinekopf noch Borsten hat, werden diese mit einem scharfen Messer entfernt. Alternativ Borsten mit einem Bunsenbrenner absengen. Den Kopf waschen und trockentupfen.

2. Das Wasser im Topf zum Kochen bringen und den Schweinekopf einlegen. Aufkochen und mit einem Schaumlöffel Eiweiß und Schwebstoffe abschöpfen. Ganjang, Soju, Knoblauch, Ingwer und Honig dazugeben. Zugedeckt 2 Stunden bei 80 °C ziehen lassen. Die Frühlingszwiebeln zugeben und den Schweinekopf weitere 30 bis 60 Minuten ziehen lassen, bis er gar ist.

3. Den Kopf aus der Brühe holen und in seine fetten und mageren Teile schneiden: Fettbacke, magere Backe, Ohr, Nase, Kinn, Maske, Ohrenmuskel und Nasenmuskel.

TIPP

Der Kopf wird mit der Brühe, Reis, eingelegten Gurken und Lauchzwiebeln serviert. Gut dazu passen auch eingelegte Shiitake-Pilze, fermentierte schwarze Bohnen, Pak Choi und Kimchi.

Kaburga Dolmasi

Gefülltes Lammvorderviertel

INFOS

Vorbereitung: 1,5 Stunden
Kochzeit: 4 bis 5 Stunden
Utensilien: Pfanne, Kochtopf mit Deckel und 15 l Fassungsvermögen, 3 kleine Teller

FLEISCH

5 kg Lammvorderviertel (Schulter, Brust und Hals)

MARINADE

3 EL Süzme Joghurt (türkischer Sahnejoghurt, stichfest und mit 10 % Fett)
4 EL Olivenöl
1 kleine Zwiebel, geschält und fein gewürfelt
1 TL schwarzer Pfeffer aus der Mühle
1 TL gemahlener Kreuzkümmel
2 TL mildes Paprikapulver
2 TL Salz

REISFÜLLUNG

3 EL Butter
1 Zwiebel, geschält und fein gewürfelt
80 g Mandeln
50 g Korinthen oder Rosinen
300 g Rundkornreis
300 ml Geflügelbrühe
1 TL Zimtpulver
1 TL schwarzer Pfeffer aus der Mühle
½ TL gemahlene Pimentkörner
1 bis 2 TL Salz
etwas Pul Biber (türkische Gewürzmischung mit getrocknetem und zerstoßenem scharfem Paprika)
Abrieb von 1 Zitrone

ZUTATEN

3 EL Olivenöl
6 Knoblauchzehen, geschält und fein gewürfelt
2 l Wasser

ZUBEREITUNG

1. Für die Marinade alle Zutaten verrühren. Mit einem scharfen Messer zwischen Schulter und Brust eine tiefe Tasche bis zum Schulterblatt schneiden. Das Lammfleisch von allen Seiten mit der Marinade einreiben und eine Stunde zugedeckt in den Kühlschrank stellen.

2. Für die Füllung Butter in einer Pfanne zerlassen und die Zwiebeln darin anschwitzen. Die Mandeln und die Korinthen dazugeben und 2 Minuten dünsten. Den Reis hinzufügen, mit der Geflügelbrühe auffüllen, Gewürze, Salz und Zitronenabrieb hinzugeben und 8 Minuten kochen lassen. Den bissfesten Reis auf einer Platte auskühlen lassen.

3. Das Lamm aus dem Kühlschrank nehmen. Die Fleischtasche mit dem Reis füllen. In einem großen Topf das Olivenöl erhitzen und den Knoblauch anschwitzen. Mit 1 l Wasser ablöschen. Die kleinen Teller in den Topf setzen und das Lamm darauflegen. Den Topf zudecken und das Lamm 4 bis 5 Stunden bei geringer Hitze garen, bis es weich ist. Ab und zu Flüssigkeit nachfüllen. Am Ende sollen 500 ml kräftige Lammbrühe übrig sein. Wer möchte, kann in den letzten 30 Minuten den Bräter ohne Deckel in den auf 180 °C Oberhitze vorgeheizten Backofen schieben, damit das Lamm eine Kruste bekommt.

4. Das Lamm herausnehmen. Die Reisfüllung auf einer Platte anrichten. Die Knochen ablösen, das Fleisch abzupfen und mit der kräftigen Fleischbrühe servieren.

TIPP

Meist kocht man noch zusätzlich Reis und mischt diesen mit der Füllung. Das Fleisch setzt man auf den Reis und übergießt alles mit der kräftigen Lammbrühe. Zu Kaburga Dolmasi könnt ihr Tomaten, Oliven, Petersilie und eingelegte Peperoni servieren.

Getrüffelte Maispoularde aus der Brühe

INFOS

Vorbereitung: 1 Stunde
Kochzeit: 2 Stunden
Equipment: Kochtopf mit Deckel oder Baeckeoffe-Form

FLEISCH

1 Maispoularde aus der Bresse, 2,4 kg

ZUTATEN

50 g schwarze Trüffel (Perigord oder andere Wintertrüffel)
80 g Schalotten, geschält und gewürfelt
80 g Karotten, geschält und gewürfelt
80 g Knollensellerie, geschält und gewürfelt
80 g Petersilienwurzel, geschält und gewürfelt
2 Lorbeerblätter
1 Zweig Thymian
5 Wacholderbeeren
1,5 bis 2 l Geflügelbrühe
200 ml weißer Portwein

ZUBEREITUNG

1. Die Poularde waschen, innen und außen gut trockentupfen und von innen leicht salzen und pfeffern. Die Trüffel in dünne Scheiben schneiden. Die Poularde mit der Brust nach oben auf die Arbeitsplatte legen. Von der Halsseite aus mit dem Finger vorsichtig die Haut vom Brustfleisch lösen (siehe Seite 46). Die Trüffelscheiben in diesem Hohlraum verteilen und die Haut wieder andrücken.

2. Den Backofen auf 140 °C vorheizen. Die Poularde in einen Topf legen. Dieser sollte so groß sein, dass die Poularde gerade noch hineinpasst. Gemüse und Kräuter dazugeben. Geflügelbrühe und weißen Portwein zugießen, bis die Poularde bedeckt ist. Den Deckel auflegen und einmal aufkochen. Dann den Topf 1,5 bis 2 Stunden in den vorgeheizten Backofen schieben. Die Poularde tranchieren (siehe Schritt-für-Schritt-Erläuterungen auf den Seiten 52/53) und mit Gemüse und Brühe servieren.

TIPP

Die Poularde kann auch mit frischen Kräutern gefüllt werden. Dafür 100 g gemischte Kräuter wie Petersilie, Kerbel, Basilikum, Estragon und Thymian fein hacken, etwas Zitronen- und Orangenabrieb hinzufügen und die Kräutermischung unter die Haut schieben.

Enten-Confit im Glas

INFOS

Vorbereitung: 24 Stunden
Kochzeit: 3,5 Stunden
Utensilien: großes Glas zum Einwecken, Bratenschnur, hoher Topf

FLEISCH

1 Barbarie-Ente (weiblich), 1,8 bis 2,2 kg

MARINADE

1 TL gerebelter Thymian
1 TL getrockneter Beifuß
5 Wacholderbeeren
3 Lorbeerblätter
5 Pimentkörner
Abrieb von 1 Zitrone
Abrieb von 1 Orange
40 g grobes Meersalz

ZUTATEN

2 Möhren, geschält
2 Schalotten, geschält
2 Lorbeerblätter
1 Zweig Thymian
2 l Entenfett

ZUBEREITUNG

1. Die Ente von Federkielen befreien. Mit einem scharfen Messer von der Rückenseite her den Brustknochen entfernen. Vorsichtig rechts und links am Brustknochen entlang schneiden. Keule und Geflügelgelenke lösen und den Brustknochen herausnehmen (siehe Geflügel auslösen Seite 44).

2. Die Zutaten für die Marinade vermischen. Die Ente auf ein Blech legen und mit der Marinade gut einreiben. Zusammenrollen und zugedeckt 24 Stunden im Kühlschrank marinieren.

3. Die Ente mit kaltem Wasser abwaschen und trockentupfen. Die Ente zusammenrollen und mit einer Bratenschnur zusammenbinden.

4. Die Entenrolle mit Möhren, Schalotten und Kräutern in ein großes Glas geben. Das Entenfett erwärmen, über die Ente gießen und das Glas mit Gummi verschließen. Zugedeckt in einem Topf bei 80 °C 3,5 Stunden garen. Auskühlen lassen. Das Enten-Confit ist gekühlt bis zu einem Jahr haltbar.

TIPP

Die Entenrolle kann im Ofen kross gebacken und zu Salaten oder zu gepickeltem Gemüse serviert werden. Oder ihr erwärmt die Ente im Fett und genießt sie mit Linsengemüse und Kartoffeln.

BACKEN

Filet Wellington

INFOS

Vorbereitung: 1 Stunde
Kochzeit: 35 bis 50 Minuten
Utensilien: Backofen, Blech, Backpapier, Pinsel

FLEISCH

1,5 bis 2 kg Rinderfilet vom Mittelstück

ZUTATEN

50 g Butter
3 Schalotten, geschält und fein gewürfelt
600 g braune Champignons, gewürfelt
50 ml Madeira
40 ml Sahne
2 EL gehackte Petersilie
1 Prise getrockneter Majoran
80 g Geflügelfarce (Rezept Seite 220)

1 kg Blätterteig (Rezept Seite 214) oder fertiger Blätterteig
2 Eigelb zum Bestreichen, mit etwas Wasser vermischt

ZUBEREITUNG

1. Das Filet salzen und pfeffern. Etwas Rapsöl in einer Pfanne erhitzen und das Filet darin von allen Seiten kurz anbraten. Beiseitestellen.

2. Die Butter in der Pfanne erhitzen und die Schalotten glasig dünsten. Die Champignons hinzugeben und alles dünsten, bis die Flüssigkeit verdampft ist. Mit Madeira und Sahne ablöschen und einkochen lassen. Mit Salz, Pfeffer, Petersilie und Majoran würzen und erkalten lassen. Mit der Geflügelfarce mischen.

3. Den Backofen auf 180 °C vorheizen. Das Fleisch wie auf Seite 48 gezeigt in den Blätterteig packen: Den Blätterteig 1 cm dick ausrollen. Die Pilzfarce als Rechteck auf den Teig streichen. Das Rinderfilet darauflegen und den Teig so zusammenrollen, dass die Naht unten ist. Die beiden Enden des Teigs nach unten einklappen. Mit dem Eigelb-Wassergemisch bestreichen und die Teigrolle nach Belieben mit dem restlichen Teig verzieren.

4. Das Filet 30 Minuten in den vorgeheizten Backofen geben. Den Backofen ausschalten, die Ofentür öffnen und das Filet noch 8 Minuten ruhen lassen. Die Kerntemperatur soll 54 bis 56 °C betragen. Das Filet in Scheiben schneiden und servieren.

TIPP

Dazu serviere ich Madeira-Sauce, Rotweinsauce oder Sauce Hollandaise.

Pie vom Ochsenschwanz

INFOS

Vorbereitung: 30 Minuten
Kochzeit: 20 bis 60 Minuten
Equipment: Backofen, Backform, Pinsel

ZUTATEN

Je nach Größe der Form benötigt ihr Füllung und Teig im Verhältnis 1:1. Für eine Form mit einem Durchmesser von 32 cm sind das:

1 kg Ochsenschwanzragout (Rezept Seite 216)
1 kg Pie-Teig (Rezept Seite 215)
1 Eigelb zum Bestreichen, mit etwas Wasser vermischt

ZUBEREITUNG

1. Eine Backform mit Butter oder Schmalz ausstreichen und leicht mit Mehl bestäuben. Zunächst zwei Drittel des Teigs 1,5 cm dick ausrollen und die Backform so auslegen, dass 1,5 cm Rand überstehen. Dann den restlichen Teig ebenfalls auswellen und mit Hilfe eines Tellers einen Deckel von der Größe der Backform zuschneiden.

2. Den Backofen auf 180 °C vorheizen. Die Füllung bis 1 Zentimeter unter den Teigrand in die Form geben. Den überstehenden Rand einklappen, dabei ab und zu einschneiden, damit er keine Falten bekommt. Den eingeklappten Rand mit Eigelb bestreichen. Den Teigdeckel daraufsetzten und die gesamte Oberfläche gut mit dem Eigelb einstreichen. Den Rand der Pastete mit dem restlichen Teig verzieren und ebenfalls mit Eigelb bestreichen. Den Teigdeckel mit einem spitzen Messer mehrmals einschneiden, damit der Pie beim Backen nicht aufplatzt.

3. Im vorgeheizten Backofen 50 Minuten backen, bis der Teig goldbraun und knusprig ist.

TIPP

Für dieses Rezept könnt ihr jede Einlage verwenden, auf die ihr Lust habt, z. B. Ragout aus Lamm, Kalb, Wild, Kaninchen, Geflügel, Innereien und sogar Bolognese-Sauce.

Rinderrücken in der Meersalzkruste

INFOS

Vorbereitung: 30 Minuten
Kochzeit: 20 bis 25 Minuten
Utensilien: Backofen, Bräter oder Bachblech

FLEISCH

1,5 bis 2,5 kg Rinderrücken mit Fettdeckel vom Wagyu, Angus, Hereford, Deutscher Färse

ZUTATEN

4 bis 6 kg grobes graues Meersalz
2 Zweige Rosmarin
2 Zweige Thymian
4 Knoblauchzehen, geschält
10 Wacholderbeeren
8 Lorbeerblätter
1 TL schwarze Pfefferkörner, grob gemörsert
1 TL Koriandersamen

ZUBEREITUNG

1. Etwas Rapsöl in einer Pfanne erhitzen und den Rinderrücken von allen Seiten anbraten. Zum Auskühlen beiseitestellen. Nicht salzen, da die Meersalzkruste genügend Salz abgibt.

2. Das grobe Meersalz in eine Schüssel geben. Rosmarin, Thymian und Knoblauch fein hacken und zusammen mit den Gewürzen zum Salz geben. Vermischen und etwas kaltes Wasser dazugeben, damit das Salz leicht feucht wird und zusammenklebt.

3. Den Backofen auf 250 °C vorheizen. In einen Bräter oder auf ein Backblech eine 3 cm dicke Schicht Salz geben. Den Rinderrücken darauflegen und mit dem restlichen Salz einpacken. Der Rücken soll rundum gleichmäßig mit 3 cm Salz bedeckt sein. Den Rinderrücken 20 bis 25 Minuten in den Backofen geben, die Kerntemperatur soll 54 bis 56 °C betragen. Das Fleisch aus dem Ofen nehmen, den Salzdeckel aufbrechen und den Rücken herausnehmen. Vor dem Servieren 3 bis 5 Minuten ruhen lassen. Sollte zu viel Salz auf dem Rücken sein, dieses mit einem Pinsel abstreichen.

Saftschinken im Brotmantel

INFOS

Vorbereitung: 20 Minuten (ohne Zubereitungszeit für den Teig)
Kochzeit: 80 Minuten
Utensilien: Backofen, Bachblech, Backpapier, Pinsel

FLEISCH

1,5 kg Saftschinken, am besten Hals oder Schulter, da diese Stücke sehr saftig sind

ZUTATEN

1 Brotteig (Rezept Seite 214)
1 Eigelb zum Bestreichen, mit etwas Wasser vermischt

ZUBEREITUNG

1. Den Saftschinken trockentupfen. Den aufgegangenen Brotteig ausrollen, den Saftschinken darin einpacken und auf ein mit Backpapier belegtes Blech setzen. Die Naht des Teigs sollte unten liegen und gut zusammenkleben. Mit dem restlichen Teig kann das Brot verziert werden.

2. Den Backofen auf 220 °C vorheizen. Den Teig des eingepackten Schinkens nochmals 20 Minuten gehen lassen. Mit dem Eigelb-Wassergemisch bestreichen. Das Blech mit dem Schinken im Brotmantel 20 Minuten in den vorgeheizten Backofen schieben. Dann die Temperatur auf 160 °C reduzieren und weitere 60 Minuten backen.

3. Den Schinken aus dem Ofen nehmen und vor dem Servieren 15 Minuten ruhen lassen.

TIPP

Den Saftschinken könnt ihr warm – mit Sauerkraut, Rahmwirsing, Bratensauce, grüner Sauce – oder kalt – mit Salaten, Essiggurken, Meerrettich, Radieschen und Senf – servieren.

Baeckeoffe

Schweinerippchen, Boudin Noir, Bratwurst, Schinken

INFOS

Vorbereitung: 1 Stunde
Kochzeit: 1 Stunde
Utensilien: Backofen, Baeckeoffe-Form oder Tonterrine, Pinsel

FLEISCH

4 gekochte Schweinerippchen
4 Boudin Noir oder kleine Blutwürste
4 Bratwürste oder Knacker
150 g leicht geräucherter Bauchspeck, in Würfel geschnitten

ZUTATEN

150 g kleine Kartoffeln, geschält
100 g Möhren, geschält
100 g Knollensellerie, geschält
100 g Lauch
100 g Schalotten, geschält
Muskatnuss

2 EL gehackte Blattpetersilie
500 ml Geflügel- oder Fleischbrühe
300 g Brotteig (Rezept Seite 214) oder fertiger Blätterteig
1 Eigelb zum Bestreichen, mit etwas Wasser vermischt

ZUBEREITUNG

1. Das geschälte Gemüse und die Kartoffeln in 1 bis 2 cm große Stücke schneiden. In eine Schüssel geben, leicht salzen und pfeffern und mit etwas geriebener Muskatnuss verfeinern.

2. Den Backofen auf 200 °C vorheizen. Fleisch und Gemüse in die Baeckeoffe-Form geben, mit der Petersilie bestreuen und die Brühe dazugießen. Den Deckel aufsetzen und gut mit dem Brotteig verschließen. Den Teig mit dem Eigelb-Wasser-gemisch bestreichen und die Form 1 Stunde lang in den Backofen schieben. Wenn ihr den Brotdeckel am Tisch öffnet, werden Gäste vom herrlichen Duft begeistert sein.

TIPP

Dieses elsässische Gericht hat seinen Namen vom Backofen des Bäckers. Dorthin brachten früher die Frauen des Dorfes ihre Tonterrinen, die mit Fleisch, Kartoffeln und Gemüse gefüllt waren. Diese wurden in den Brotbackofen des Bäckers geschoben, um die Restwärme auszunutzen. Um das unbefugte Öffnen der Terrine zu verhindern, wurde sie mit einem Deckel aus Brotteig versiegelt.

Lammrücken im Salzteig

INFOS

Vorbereitung: 20 Minuten (ohne Zubereitungszeit für den Teig)
Kochzeit: 15 bis 18 Minuten
Utensilien: Backofen, Backblech, Backpapier

FLEISCH

300 bis 450 g Lammrückenfilet

ZUTATEN

4 bis 6 Scheiben grüner Speck (Rückenspeck)
4 Knoblauchzehen, geschält
3 Zweige Rosmarin
3 Zweige Thymian

1 kg Salzteig (Rezept Seite 215)

ZUBEREITUNG

1. Etwas Rapsöl in einer Pfanne erhitzen und den Lammrücken kurz anbraten. Zum Auskühlen beiseitestellen. Nicht salzen, da die Meersalzkruste genügend Salz abgibt.

2. Den grünen Speck zu einem Quadrat auslegen. Den Lammrücken darauflegen. Den Thymian, Rosmarin und Knoblauch auf den Lammrücken legen und mit schwarzem Pfeffer aus der Mühle würzen. Den Lammrücken mit dem Speck fest zusammenrollen.

3. Den Salzteig 1,5 bis 2 cm dünn ausrollen und in der Mitte den in Speck eingepackten Lammrücken platzieren. Das Fleisch in den Salzteig einwickeln. Die Naht, an der der Salzteig aneinanderstößt, mit Wasser bestreichen, damit er zusammenklebt.

4. Den Backofen auf 220 °C vorheizen. Das Backpapier auf ein Blech legen. Den in Salzteig verpackten Lammrücken mit der Naht nach unten darauflegen und 15 bis 18 Minuten in den Ofen schieben. Die Kerntemperatur soll 54 bis 56 °C betragen. Den Lammrücken aus dem Ofen nehmen, den Teig sofort aufschneiden und den Rücken noch 3 Minuten auf dem Salzteig ruhen lassen. Dann den Salzteigmantel entsorgen – er ist nicht zum Verzehr geeignet – und das Fleisch auf eine vorgewärmte Platte legen, Gewürze und Speck entfernen und servieren.

TIPP

Eine herrliche Begleitung sind Kartoffelgratin und Bohnen.

Hirschrücken im Strudelteig

INFOS

Vorbereitung: 1 Stunde
Kochzeit: 16 bis 18 Minuten
Utensilien: Frischhaltefolie, Geschirrtuch, Backofen, Backblech, Backpapier, Pinsel

FLEISCH

600 bis 800 g Hirschrücken

ZUTATEN

200 g Geflügelfarce (Rezept Seite 220)
20 große Spinatblätter, blanchiert
20 Scheiben dünn geschnittener Hirschschinken
1 Portion Strudelteig (Rezept Seite 215)
100 g flüssige Butter

TIPP

So blanchiert ihr Spinatblätter: Die Spinatblätter vom Stiel befreien. Einen Topf mit Salzwasser zum Kochen bringen, die Spinatblätter hineingeben und kurz sprudelnd aufkochen. Mit einem Schaumlöffel herausnehmen und den Spinat sofort im Eiswasser abschrecken – so bleibt die grüne Farbe erhalten. Die Blätter vorsichtig auf einem Küchentuch auslegen, mit einem zweiten Küchentuch belegen und leicht andrücken, damit der Spinat trocknet.

ZUBEREITUNG

1. In einer Pfanne etwas Rapsöl erhitzen. Den Hirschrücken salzen und von allen Seiten medium-rare anbraten. Beiseitestellen, pfeffern und abkühlen lassen.

2. Auf einer Frischhaltefolie oder Backpapier den Hirschschinken zu einem Rechteck auslegen und mit der Hälfte der Geflügelfarce bestreichen. Die blanchierten und trockenen Spinatblätter darauflegen und mit der restlichen Geflügelfarce bestreichen. Dann den abgekühlten Hirschrücken darauflegen und mit Hilfe der Folie einrollen.

3. Den Backofen auf 220 °C vorheizen. Den Hirschrücken wie auf Seite 48 gezeigt in den Strudelteig packen: Den zimmerwarmen Strudelteig auf einem mit Mehl bestäubten Tuch ausziehen. Mit etwas flüssiger Butter beträufeln. Die Hirschrolle auf den Teig setzen und 3 bis 4 Mal einrollen. Das Backpapier auf ein Backblech legen, mit Butter bestreichen und den Strudel daraufsetzen. Mit der restlichen flüssigen Butter den Strudel bestreichen.

4. Das Blech mit dem Hirschstrudel 16 bis 18 Minuten in den Ofen schieben. Die Kerntemperatur soll 56 °C betragen Den Strudel kurz ruhen lassen und mit einem elektrischen Messer in Scheiben schneiden.

Rehrücken im Blätterteig

INFOS

Vorbereitung: 1 Stunde
Kochzeit: 16 bis 18 Minuten
Utensilien: Frischhaltefolie, Backofen, Backblech, Backpapier, Pinsel

FLEISCH

300 bis 400 g Rehrücken

ZUTATEN

20 g Butter
1 Schalotte, fein gewürfelt
½ Knoblauchzehe, geschält und fein gewürfelt
100 g blanchierter Blattspinat (Seite 187)
Muskat
150 g Geflügelfarce (Rezept Seite 220)
400 bis 500 g Blätterteig (Rezept Seite 214)
10 Scheiben Parmaschinken
1 Eigelb zum Bestreichen, mit etwas Wasser vermischt

ZUBEREITUNG

1. Etwas Rapsöl in einer Pfanne erhitzen. Den Rehrücken salzen und auf allen Seiten medium-rare anbraten. Beiseitestellen, pfeffern und auskühlen lassen.

2. Butter in der Pfanne zerlassen. Die Schalottenwürfel und den Knoblauch farblos andünsten. Den Spinat dazugeben und mit Muskatnuss, Salz und Pfeffer würzen. Auskühlen lassen. Den Spinat fein hacken und unter die Geflügelfarce heben.

3. Auf Frischhaltefolie oder Backpapier den Parmaschinken zu einem Rechteck auslegen und mit der Spinatfarce bestreichen. Den Rehrücken daraufsetzen und mit Hilfe der Folie fest zusammenrollen.

4. Den Backofen auf 220 °C vorheizen. Den Rehrücken wie auf Seite 48 gezeigt in den Blätterteig packen: Das Backpapier auf ein Backblech legen. Den Blätterteig ausrollen und die Rehrolle darin einwickeln. Auf das Backpapier setzen und mit dem Eigelb-Wassergemisch bestreichen. Nach Belieben mit dem restlichen Blätterteig verzieren. Den Rehrücken im Blätterteig 15 bis 17 Minuten im Ofen backen, die Kerntemperatur soll 56 °C betragen. Vor dem Anschneiden und Servieren kurz ruhen lassen.

GAREN IM ERDLOCH UND GANZE TIERE

Ob Spanferkel, Weihnachtsgans, Ochs am Spiess oder ein Kaninchen – es ist einfach etwas Besonderes, ein ganzes Tier zu grillen, zu kochen oder zu braten. Ausserdem hat diese Zubereitungsart den Vorteil, dass der Geschmack im Fleisch bleibt. Da wir Fett, Sehnen, Kollagen und Knochen nicht wegschneiden, verleihen diese dem Fleisch eine unbeschreibliche Saftigkeit, Konsistenz und Aromadichte.

Beim Zubereiten ganzer Tiere bekommt auch die Brühe oder die Sauce eine Dichte, die wir mit schierem Fleisch nicht hinbekommen würden. Und selbst die Knochen, Sehnen und das Fett, das am Schluss übrigbleibt, werfen wir nicht weg, sondern kochen es nochmals aus. So erhalten wir eine köstliche Brühe, die wir zum Auffüllen für Saucen, Ansätze und Fonds verwenden können.

INFOS

Vorbereitung: 40 Minuten
Kochzeit: 1,5 bis 2,5 Stunden
Utensilien: Spaten und Schaufel, 4 Steinplatten, 10 bis 15 große Steine (z. B. Granit), 10 kg Holzkohle, 15 kg Holz, Anzünder, Backpapier, Alufolie oder Bananenblätter, Handbesen

FLEISCH

3 bis 6 kg Rinderrücken (Roastbeef) mit Fettdeckel und ohne Knochen

ZUTATEN

2 Ochsenherztomaten, in Scheiben geschnitten
4 bis 6 rote und gelbe Peperoni
3 Schalotten oder kleine Zwiebeln, halbiert
2 Knollen Knoblauch, quer halbiert
3 Zweige Thymian
3 Zweige Rosmarin
2 Zweige Oregano
grober Steakpfeffer

ZUBEREITUNG

1. Zuerst wird das Erdloch vorbereitet. Wie das funktioniert und welche Utensilien benötigt werden, ist auf Seite 55 beschrieben.

2. Das Roastbeef auf der Fettseite kreuzförmig einschneiden und von allen Seiten mit Salz und Steakpfeffer würzen. Auf ein Backpapier legen und das Gemüse und die Kräuter auf den Rinderrücken legen. Das Fleisch ins Backpapier und anschließend in Alufolie oder in ein Bananenblatt einwickeln.

3. Die Hälfte der Kohleglut mit einer Schaufel ins Erdloch legen. Das eingepackte Roastbeef auf die Glut legen und mit der restlichen Kohleglut bedecken. Die Erde vorsichtig über die Kohle schaufeln und abschließend die Grasnarbe daraufsetzen und fest andrücken. Diese Schritte sind auf Seite 55 mit Fotos illustriert.

4. Das Roastbeef 1 Stunde 50 Minuten bis 2 Stunden im Erdloch garen. Je nach Stärke des Rinderrückens kann die Garzeit bis zu 2 Stunden 20 Minuten betragen. Die Grasnarbe und die Erde vorsichtig mit der Schaufel entfernen. Restliche Erde und Kohle mit einem Handbesen von dem in Alufolie eingepackten Rinderrücken abkehren. Mit einer Fleischgabel den eingepackten Rücken schnell aus dem Erdloch holen. Auspacken, in Scheiben schneiden und servieren.

Ganzer gefüllter Lammrücken

INFOS

Vorbereitung: 2 bis 3 Stunden
Kochzeit: ca. 1,5 bis 2 Stunden
Utensilien: Fleischwolf, Bräter oder tiefes Blech, Bratenschnur

FLEISCH

1 ganzer Lammrücken wie gewachsen mit Knochen, Fettdeckel, Bauch, Filet, Nieren und Hoden
1 kg Lammfleisch aus der Schulter
300 g Bauchfleisch vom Auslösen des Rückens

2 Lammfilets (im ganzen Rücken enthalten), leicht angebraten
2 Lammnieren (meist im Rücken dabei, sonst weglassen)
2 Lammhoden (meist im Rücken dabei, sonst weglassen)
800 g Lammnetz oder Schweinenetz

ZUTATEN

1 rote Paprika, fein gewürfelt und angeschwitzt
1 gelbe Paprika, fein gewürfelt und angeschwitzt
1 kleine Zucchini, ohne weißes Fruchtfleisch fein gewürfelt
1 kleine Aubergine, ohne weißes Fruchtfleisch fein gewürfelt

3 Schalotten, geschält und gewürfelt
5 Knoblauchzehen, geschält und gewürfelt
1 TL Thymian
1 TL Rosmarin

1 TL Kreuzkümmel
1 TL Ras el-Hanout
2 TL geräuchertes Paprikapulver
½ TL Schwarzkümmel
1 EL entsteinte schwarze Oliven, fein gewürfelt
1 EL entsteinte grüne Oliven, fein gewürfelt

ZUBEREITUNG

1. Den Lammrücken auslösen oder vom Metzger auslösen lassen; er soll keine Löcher bekommen. So erhält man die beiden Rückenfilets mit dem ganzen Bauch daran. Der Bauch soll, wenn er gerollt wird, leicht überlappen; den überstehenden Bauchlappen abschneiden (siehe Seite 36).

2. Paprika-, Zucchini- und Auberginenwürfel in etwas Olivenöl andünsten, aus der Pfanne nehmen, abkühlen lassen und beiseitestellen. Etwas Olivenöl in die Pfanne geben und Schalotten, Knoblauch, Rosmarin und Thymian anschwitzen, dann kaltstellen. Die abgekühlte Zwiebel-Kräutermischung mit dem abgeschnittenen Bauchlappen und dem Schulterfleisch durch den Fleischwolf drehen. Die Masse mit den Gewürzen und mit Salz und Pfeffer abschmecken. Das angedünstete Paprika-Zucchini-Auberginengemüse und die Oliven untermischen.

3. Die Hoden und die Nieren klein schneiden, die Lammfilets kurz anbraten. Den ausgelösten Lammrücken salzen und pfeffern. Die Rückenfilets mit der Fleisch-Gemüsemasse einstreichen und dabei zwischen den Rückenfilets reichlich Masse verteilen. Die kleingeschnittenen Hoden und Nieren auf der Masse zwischen den Rückenfilets verteilen (Seite 38).

4. Den Rücken fest zusammenrollen und zwei bis drei Mal in das Lamm- oder Schweinenetz einwickeln. Mit der Bratenschnur im Abstand von 2 cm locker zusammenbinden.

5. Den Backofen auf 220 °C vorheizen. Den Rücken von außen salzen und in einem Bräter von allen Seiten anbraten. Den Bräter 40 Minuten in den Ofen schieben, dann die Temperatur auf 160 °C reduzieren und den Lammrücken weitere 30 bis 40 Minuten braten. Die Kerntemperatur soll zwischen 56 und 58 °C betragen. Vor dem Aufschneiden 10 Minuten ruhen lassen.

TIPP

Sehr gut passt dazu Reis mit Paprika, Mandeln, getrockneten Feigen und Kräutern.

Indonesisches Spanferkel

INFOS

Vorbereitung: 1 bis 1,5 Stunden
Kochzeit: 4 bis 5 Stunden (je nach Größe auch mehr)
Utensilien: Alufolie, Backofen mit Gitter, Smoker oder offenes Feuer mit Drehgestell, Bratenschnur und Fleischnadel

FLEISCH

1 Spanferkel, 4 bis 7 kg schwer

FÜLLUNG

250 g Ingwer, geschält und fein geschnitten
10 Knoblauchzehen, geschält und fein gehackt
5 Stängel Zitronengras, in feine Ringe geschnitten
10 Schalotten, geschält und fein gewürfelt
1 Bund Frühlingszwiebeln, fein geschnitten
4 EL geröstete Korianderkörner
10 Sternanis
4 Zimtstangen
5 Chilischoten
1 Bund frischer Koriander
2 EL Terasi (Würzpaste aus fermentierten Garnelen, erhältlich im Asia-Laden)
10 Kaffirlimettenblätter, grob gehackt

GLASUR

200 ml Limettensaft
3 EL helle Sojasauce
2 EL Honig
1 EL gemahlener Kurkuma
3 EL Mirin (süßer Reiswein) oder süße Sojasauce

ZUBEREITUNG

1. Das Spanferkel waschen und trocknen. Für die Füllung alle Zutaten vermischen. Das Spanferkel von innen gut salzen und die Füllung im Bauchraum verteilen. Das Spanferkel mit Bratenschnur zunähen. Ohren, Schwänzchen und Füße mit geölter Alufolie einwickeln, damit sie nicht verbrennen.

2. Den Backofen auf 220 °C vorheizen. Für die Glasur alle Zutaten miteinander vermischen und das Spanferkel damit einstreichen. Das Spanferkel auf das Gitter legen und 20 Minuten in den vorgeheizten Ofen schieben. Die Temperatur auf 150 °C reduzieren und das Spanferkel weitere 3 Stunden braten. Dabei immer wieder mit der Glasur einpinseln und, wenn das Ferkel zu dunkel wird, die Temperatur verringern.

Chinesisches Ingwerhuhn

INFOS

Vorbereitung: 45 Minuten
Kochzeit: 2 Stunden
Utensilien: hoher Topf mit Deckel, Zahnstocher oder Holzspieße, Bratenschnur

FLEISCH

1 Freilandhuhn oder Poularde, 2,2 bis 2,5 kg schwer
40 g Ingwer, geschält und in feine Scheiben geschnitten

FÜLLUNG

300 g Schweinehack
40 g Ingwer, geschält und fein gewürfelt
20 g Knoblauch, geschält und fein gewürfelt
30 g Shiitakepilze, fein geschnitten
50 g Chinakohl, fein geschnitten
frischer Koriander, fein gehackt

BRÜHE

2 Liter Wasser oder Geflügelbrühe
50 g Ingwer, geschält und in Scheiben geschnitten
50 g Shiitake-Pilze, ohne Stil
3 bis 4 Knoblauchzehen, geschält
3 g Kurkumawurzel, geschält und in Scheiben geschnitten
1 bis 2 Chilischoten, in Stücke geschnitten (nach Belieben)

ZUBEREITUNG

1. Das Huhn waschen und trockentupfen. Für die Füllung das Schweinehack mit allen Zutaten vermischen, mit Salz und Pfeffer abschmecken und in das Huhn geben. Die Öffnung mit Zahnstochern zusammenstecken. Flügel und Hühnerschenkel mit Bratenschnur zusammenbinden.

2. Das Huhn in den hohen Topf legen und mit den Ingwerscheiben belegen. Das Wasser oder die Geflügelbrühe so einfüllen, dass die Ingwerscheiben nicht heruntergespült werden. Die ganzen Shiitake-Pilze, Knoblauch, Kurkuma und Chili dazugeben. Zudecken und bei 80 °C 2 Stunden sanft köcheln lassen. Das Huhn herausnehmen und mit der Füllung in der Brühe servieren. Dazu passen Reis und Gemüse.

TIPP

Das Ingwerhuhn ist nicht nur geschmacklich delikat, es ist auch ein Powerrezept bei Grippe, Erkältung und Müdigkeit.

»All In« – Gans, Poularde, Perlhuhn, Taube, Wachtel

INFOS

Vorbereitung: 4 Stunden
Kochzeit: 3 bis 4 Stunden
Utensilien: Fleischwolf, tiefes Bratenblech, Bratenschnur

FLEISCH

1 Gans
1 Maispoularde
1 Perlhuhn
1 Bresse-Taube
1 große Wachtel

FÜLLUNG

100 g Entenbrust ohne Haut
50 g Sobrassada (luftgetrocknete streichfähige Rohwurst aus Spanien)

200 g Geflügelfarce (Rezept Seite 220)

ZUBEREITUNG

1. Alle Geflügel hohl auslösen (Seite 44). Bei der Gans die Geflügel- und Keulenknochen dranlassen.

2. Für die Füllung die Entenbrust durch die 3-Millimeter-Scheibe des Fleischwolfs lassen. Die Sobrassada in kleine Würfel schneiden und mit dem Entenhack vermischen. Mit Salz und Pfeffer abschmecken. Wer keine Sobrassada hat, kann das Entenfleisch mit geräuchertem Paprikapulver würzen.

3. Die Geflügel ineinanderstecken, beginnend mit dem kleinsten, der Wachtel: Die Entenfüllung auf die ausgelöste Wachtel streichen und zusammenrollen. Die ausgelöste, flach ausgebreitete Taube mit Salz und Pfeffer würzen, mit etwas Geflügelfarce bestreichen und die Wachtel darin einrollen. Dann das Perlhuhn würzen, mit etwas Geflügelfarce bestreichen und die Taube darin einpacken. Danach die Maispoularde würzen, mit Geflügelfarce bestreichen und das Perlhuhn darin einpacken. Zum Schluss die Gans würzen, mit der Geflügelfarce bestreichen und die Maispoularde darin einpacken. Die gefüllte Gans mit der Bratenschnur zusammenbinden (Seite 47).

4. Den Backofen auf 140 °C vorheizen. Die Gans außen mit Salz und Pfeffer würzen und 2,5 Stunden in den vorgeheizten Ofen geben. Dann die Temperatur auf 160 °C erhöhen, damit die Gans eine schöne Kruste bekommt, und eine weitere Stunde im Ofen braten. Ab und zu mit dem Bratensaft begießen. Die Anfangstemperatur ist bewusst niedrig gewählt, damit die in der Gans steckenden Geflügel keinen Druck aufbauen und die Gans zum Platzen bringen können.

Weihnachtsgans

INFOS

Vorbereitung: 1 Stunde
Kochzeit: 4 bis 5 Stunden
Utensilien: Bräter oder tiefes Blech, Bratenschnur, Kastenform

FLEISCH

1 Weihnachtsgans, 4 kg schwer

ZUTATEN

2 bis 3 Äpfel
2 Zwiebeln, geschält
2 TL getrockneter Beifuß
1 TL Majoran
Hals, Magen, Herz, Geflügelknochen und Fett von der Gans
1 EL Tomatenmark
500 ml dunkler Geflügelfond oder Kalbsfond (Rezept Seite 216)
Speisestärke zum Binden

ZUTATEN

Magen und Herz der Gans aus dem Bräter
Leber der Gans
200 g Knödelbrot
100 ml Milch
2 Schalotten, geschält und fein gewürfelt
1 Apfel, geschält und fein gewürfelt
Majoran
1 bis 2 Eier
30 g Butter für die Kastenform und zum Anbraten

ZUBEREITUNG

1. Aus der Gans den Hals, den Magen und das Herz herausnehmen. Am Hinterteil der Gans das Fett links und rechts von der Öffnung herausziehen. Die Gans mit kaltem Wasser abwaschen. Innen und außen gut trocknen und salzen. Die Flügelknochen und den Bürzel abschneiden. Die Äpfel vierteln und das Kerngehäuse entfernen. Die Zwiebeln vierteln und zusammen mit den Äpfeln, Beifuß und Majoran in die Gans füllen. Die Gans mit der Bratenschnur zusammenbinden (siehe Seite 47).

2. Den Backofen auf 220 °C vorheizen. Hals, Magen, Herz, Geflügelknochen und Fett in einen Bräter geben. 500 ml Wasser dazugeben und die Gans mit der Brustseite auf die Knochen legen. Den Bräter 30 Minuten in den Backofen geben. Die Gans umdrehen und nochmals 30 Minuten braten. Dann den Magen und das Herz, die nach einer Stunde weich sind, aus dem Bräter nehmen und für das Magenbrot beiseitestellen. Wenn das Wasser fast verdampft und Fleischsaft entstanden ist, die Temperatur auf 160 °C reduzieren. Die Gans 4 Stunden im Ofen lassen. Pro Kilogramm Gans rechnet man eine Stunde Garzeit.

3. Die Gans aus dem Ofen nehmen und warmstellen. Die Flüssigkeit passieren und das Fett abschöpfen (daraus könnt ihr Gänseschmalz machen oder es für Rotkraut und Sauerkraut verwenden). Das Tomatenmark in einem Topf anrösten. Mit dem Bratenfond und dem Geflügelfond ablöschen, auf die Hälfte einkochen und nach Belieben mit etwas angerührter Speisestärke binden. Die Sauce zur Gans servieren, zusammen mit Magenbrot, Apfelrotkraut, Kartoffelknödeln, Bratapfel und glasierten Maronen.

4. Für das Magenbrot den Magen, das Herz und die Leber in kleine Würfel schneiden. Die Milch erwärmen und über das Knödelbrot gießen. In einer Pfanne etwas Butter erhitzen und die Schalotten darin anschwitzen. Leber-, Herz- und Magenwürfel zusammen mit den Schalotten und den Apfelwürfeln zum eingeweichten Knödelbrot geben. Majoran und die Eier hinzufügen und abschmecken. Die Kastenform ausbuttern und die Magenbrotmasse einfüllen. Das Magenbrot im Wasserbad auf dem Herd garen oder 20 bis 30 Minuten zur Gans in den Backofen schieben. In Scheiben schneiden, in Butter anbraten und zur Gans servieren.

Ente à l'Orange

INFOS

Vorbereitung: 30 Minuten
Kochzeit: ca. 1,5 bis 2 Stunden
Utensilien: Gitter mit Blech, kleiner Topf, Bratenschnur

FLEISCH

1 Ente, 2 kg schwer

ZUTATEN

2 Äpfel, geschält und grob gewürfelt
2 EL getrockneter Beifuß
1 EL Orangenblüten
Abrieb und Saft von 2 Orangen

ZUTATEN

1 EL brauner Zucker
1 TL Tomatenmark
40 ml Grand Marnier (Orangenlikör)
2 Orangen, filetiert
300 ml brauner Geflügelfond oder Kalbsfond (Seite 216)
Speisestärke zum Binden

ZUBEREITUNG

1. Die Ente mit kaltem Wasser abwaschen und trocknen. Falls zu viel Fett in der Ente und am Bürzel ist, dieses entfernen. Die Flügelknochen abschneiden, kleinhacken und für die Sauce beiseitestellen. Die Ente von innen salzen und pfeffern. Mit Apfelwürfeln, Beifuß, Orangenblüten und dem Abrieb von zwei Orangen füllen und zusammenbinden (siehe Seite 47). Den Saft der zwei abgeriebenen Orangen auspressen und für die Sauce beiseitestellen.

2. Den Backofen auf 200 °C vorheizen. Die Ente von außen salzen und 40 Minuten in den vorgeheizten Ofen schieben. Die Temperatur auf 160 °C reduzieren und weitere 70 bis 90 Minuten garen, bis die Ente kross ist.

3. Während die Ente im Backofen brät, die Flügelknochen in einem Topf mit etwas Rapsöl anbraten. Zucker dazugeben und glasieren. Das Tomatenmark zufügen und kräftig anrösten. Mit dem Grand Marnier ablöschen und mit dem Saft der zwei Orangen auffüllen und reduzieren. Den braunen Geflügelfond hinzufügen und eine Stunde köcheln. Passieren und mit etwas angerührter Speisestärke binden. Die Orangenfilets zur Sauce geben und diese zur Ente servieren.

TIPP

Klassische Beilagen sind Servietten- oder Kartoffelknödel, Rotkraut, Spitzkohl oder Wurzelgemüse oder, wenn es ganz edel sein soll, getrüffeltes Selleriepüree.

Peking-Ente

INFOS

Vorbereitung: 1 Tag
Kochzeit: 2 bis 3 Stunden
Utensilien: Gitter mit Blech für den Backofen

Dieses Gericht ist nicht einfach zuzubereiten. Es ist wichtig, eine frisch geschlachtete Ente mit Kopf zu verwenden, die noch die Innereien enthält. Es wird ein kleiner Schnitt am Hals gemacht, durch den mit Hilfe eines Schlauchs Luft zwischen Haut und Fleisch der Ente geblasen wird. Die Haut soll sich vollkommen vom Fleisch abheben. Dann über einen Schnitt unter dem Flügel die Ente ausnehmen, die Füße abschneiden und mit heißem Wasser brühen, sodass sich die Haut zusammenzieht. Die Ente mit Honig und Malzzucker einreiben und über Nacht an einem gut belüfteten Ort zum Trocknen aufhängen. Am nächsten Tag wird die Ente gegart, entweder in einem speziellen Ofen oder hoch gehängt über offenem Feuer; so bläht sich die Haut wieder auf und wird knusprig.

Die Peking Ente wird in drei bis vier Gängen serviert: zunächst die Haut, dann zwei Gerichte von Brust und Keule mit Reis und Gemüse und zu guter Letzt eine kräftige Suppe von der Karkasse.

Hier meine Variation für „Peking-Ente zuhause".

FLEISCH

1 Ente, frisch geschlachtet

ZUTATEN

2 EL Honig
100 ml Malzsirup
1 TL Fünfgewürz (chinesische Gewürzmischung mit Sternanis, Szechuanpfeffer, Zimt, Fenchel und Nelke, erhältlich im Asia Markt)

ZUBEREITUNG

1. Die Haut der Ente an Brust und Keule vorsichtig mit dem Finger vom Fleisch lösen (siehe Seite 46). Die Ente mit kochendem Wasser übergießen. Mit Honig, Malzsirup und Fünfgewürz einstreichen und über Nacht an einen luftigen und kühlen Ort hängen.

2. Den Backofen auf 140 °C vorheizen. Die Ente innen leicht salzen, auf ein Gitter setzen und 2 bis 3 Stunden in den vorgeheizten Backofen schieben. Falls die Temperatur zu hoch ist, diese reduzieren. Wenn die Haut knusprig ist, die Ente aus dem Ofen nehmen, die Haut in kleine Stücke schneiden und zusammen mit dem Fleisch servieren.

TIPP

Serviert wird die Ente mit kleinen Pfannkuchen, Streifen von Gurken, Karotten und Frühlingszwiebeln sowie chinesischer Hoisin-Sauce, die kräftig und süßlich schmeckt. Fleischstücke von der Ente werden zusammen mit den Gemüsestreifen in die Pfannkuchen gewickelt und in die Hoisin-Sauce getunkt.

Thanksgiving-Truthahn

INFOS

Vorbereitung: 1 Stunde
Kochzeit: ca. 4 bis 5 Stunden
Utensilien: tiefes Bratenblech, Bratenschnur

FLEISCH

1 Pute oder Truthahn, 5 bis 8 kg schwer

FÜLLUNG

150 g geröstete Brotwürfel
100 g Lauch, in Würfel geschnitten
80 g Schalottenwürfel
80 g Bacon, in Würfel geschnitten
70 g getrocknete Feigen, in Würfel geschnitten
70 g Walnüsse, grob gehackt
70 g Cranberrys, frisch oder tiefgefroren
1 EL gehackte Petersilie
1 TL gehackter Rosmarin
Abrieb von 1 Orange
Abrieb von 1 Zitrone

SAUCE

50 ml Rapsöl
100 ml Weißwein
600 ml Gemüsebrühe
200 ml Sahne

ZUBEREITUNG

1. Für die Füllung alle Zutaten vermischen und würzen. Die Füllung kann schon am Vortag gemacht und kaltgestellt werden, so zieht sie gut durch. Den Truthahn mit kaltem Wasser waschen und mit Küchenpapier trocknen. Die Geflügelspitzen, den Hals und den Bürzel abschneiden und den Truthahn innen mit Salz und Pfeffer würzen. Die Füllung in den Truthahn geben und mit der Bratenschnur zusammenbinden (siehe Seite 47).

2. Den Backofen auf 160 °C vorheizen. Den Truthahn außen mit Salz und Pfeffer würzen und etwas einmassieren. Das Rapsöl in ein tiefes Backblech geben und den Truthahn mit der Brust nach oben hineinlegen. Die Geflügelspitzen und den Hals dazulegen und 4 Stunden in den vorgeheizten Backofen geben. Wenn der Truthahn besonders saftig bleiben soll, packt ihr ihn locker in Alufolie und lasst oben eine kleine Öffnung. Nach 4 Stunden den Weißwein und die Gemüsebrühe angießen und den Truthahn eine weitere Stunde im Backofen lassen. Herausnehmen, die Sauce passieren und etwas reduzieren, mit der Sahne verfeinern und mit etwas angerührter Speisestärke binden. Den Truthahn tranchieren (siehe Seite 52) und mit der Füllung servieren.

TIPP

Bei einem typischen Thanksgiving-Essen werden zum Truthahn Kartoffelpüree, Süßkartoffeln, Rosenkohl, Bohnen, Erbsen, Buttermais und Cranberry- oder Preiselbeersauce serviert.

Kaninchen in Weißwein und Kräutern

INFOS

Vorbereitung: 1 Tag
Kochzeit: 1,5 bis 2 Stunden
Utensilien: Bräter mit Deckel

FLEISCH

1 küchenfertiges Kaninchen, 1,8 bis 2,2 kg

ZUTATEN

2 l trockener Weißwein
1 Zwiebel, geschält und gewürfelt
2 Knoblauchzehe, geschält und zerdrückt
1 Zweig Thymian
1 Zweig Rosmarin

100 ml Olivenöl
4 Schalotten, in feine Streifen geschnitten
2 l Weißwein von der Marinade
300 ml Crème fraîche
Abrieb und Saft von 1 Zitrone
etwas Zitronenthymian

ZUBEREITUNG

1. Leber und Nieren aus dem Kaninchen nehmen. Das Kaninchen waschen und trocknen, dann in Keulen, Schulter, Kopf und Rücken mit Bauch zerteilen. Den Weißwein mit der Zwiebel, dem Knoblauch und den Kräutern in eine Schüssel geben, die Kaninchenteile dazulegen und 24 Stunden zugedeckt kaltstellen. Die Kaninchenteile aus der Marinade nehmen und trockentupfen. Die Marinade beiseitestellen.

2. Den Backofen auf 160 °C vorheizen. In einem Bräter das Olivenöl nicht zu stark erhitzen. Die Kaninchenteile salzen und anbraten, dann beiseitestellen. Die Schalotten in der Pfanne andünsten, mit dem Weißwein von der Marinade ablöschen. Die Kaninchenteile in den Bräter zurücklegen und diesen zugedeckt 60 Minuten in den Backofen schieben. Den Deckel abnehmen und das Kaninchen weitere 30 Minuten im Backofen lassen, bis es etwas Farbe bekommen hat.

3. Den Bräter aus dem Backofen holen, die Kaninchenteile herausnehmen und warmstellen. Crème fraîche zur Soße geben und auf dem Herd reduzieren lassen. Mit Pfeffer, Zitronensaft und Zitronenabrieb sowie mit dem Zitronenthymian abschmecken. Das Kaninchen in die Sauce geben und vor dem Servieren etwas ziehen lassen.

TIPP

Zum Kaninchen serviere ich Safranrisotto und Artischockengemüse, schwarze Oliven und Römersalat mit Parmesan. Auch Nudeln, Kartoffeln und Zucchini-Auberginengemüse passen sehr gut dazu.

GRUNDREZEPTE UND BEILAGEN

Teige

BROTTEIG

250 g Roggenmehl Type 997
250 g Weizenmehl Type 550
25 g Hefe
1 Packung Sauerteig
2 TL Salz
1 TL Zucker
200 ml Milch
200 ml Buttermilch
1 EL Brotgewürz (Mischung aus Fenchel, Anis, Koriander und Kümmel)

Das Mehl in eine Schüssel sieben und in die Mitte eine Kuhle drücken. Die Hefe zerbröseln und zusammen mit dem Sauerteig in die Kuhle geben. Den Zucker in etwas lauwarmer Mich auflösen, über Hefe und Sauerteig gießen und die Schüssel mit einem Tuch abdecken. Wenn die Hefe und der Sauerteig Blasen werfen, die restliche Milch und die ebenfalls lauwarme Buttermilch dazugeben. Das Salz und das Brotgewürz hinzufügen und zu einem geschmeidigen Teig kneten. Den Teig zugedeckt aufgehen lassen und nochmals zusammenschlagen. Dann Fleisch, Schinken oder Wurst damit einpacken und vor dem Backen nochmals aufgehen lassen. Nach Belieben mit Salzwasser oder mit einer Eigelb-Wassermischung bestreichen.

EINFACHER BLÄTTERTEIG

VORTEIG
1 kg Weizenmehl Type 550 (alternativ Type 405)
450 g Butter
20 g Salz
300 ml Wasser
1 Eigelb

Alle Zutaten mit dem Knethaken zu einem Vorteig rühren und eine Stunde abgedeckt ruhen lassen.

500 g Butter

Die Butter in eine quadratische Form bringen und kühl stellen. Den Vorteig auf einer bemehlten Fläche auf die gut doppelte Größe des Butterquaders ausrollen. Auf eine Hälfte des Teigs die Butter legen, die andere Hälfte darüberklappen, ausrollen und den Teig wieder zusammenklappen – das nennt man eine einfache Tour. Diesen Vorgang fünf Mal wiederholen. Zwischen den Touren den Teig im Kühlschrank 15 Minuten ruhen lassen. Dieser Blätterteig ist ideal für Fleisch, Fisch und Geflügelgerichte, da er sehr schön aufgeht.

PIE-TEIG

250 g weiches Kalbsnierenfett oder weiche Butter
500 g Weizenmehl Type 405
1 TL Salz
200 bis 250 ml kaltes Wasser

Das Kalbsnierenfett mit dem Mehl, dem Salz und dem kalten Wasser zu einem geschmeidigen Teig verarbeiten. In Frischhaltefolie einwickeln und eine Stunde ruhen lassen. Danach auf einer bemehlten Fläche ausrollen und verarbeiten.

SALZTEIG

400 g Salz
800 g Weizenmehl Type 405
500 ml Wasser

Alle Zutaten zu einem geschmeidigen, aber nicht zu weichen Teig verarbeiten. Mit Frischhaltefolie abdecken und eine Stunde ruhen lassen. Danach ausrollen und für Fleisch- oder Fischgerichte in der Salzkruste verarbeiten.

STRUDELTEIG

300 g Weizenmehl Type 405
40 g Öl
10 g Salz
150 ml lauwarmes Wasser

Mehl, Öl, Salz in eine Schüssel geben, das lauwarme Wasser dazugießen und zügig zu einem geschmeidigen Teig verarbeiten. Auf einem Küchenbrett zu einer glatten Kugel formen und in geölte Frischhaltefolie einpacken. Eine Stunde im Kühlschrank ruhen lassen. Dann kann der Strudelteig auf einem mit Mehl bestäubten Tuch dünn ausgezogen werden.

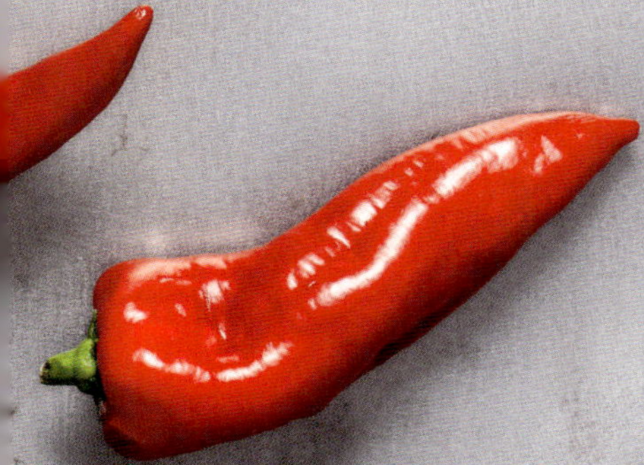

Fonds und Saucen

GEFLÜGELFOND

1 kg Geflügelkarkassen oder Teile eines Suppenhuhns
1,5 l Wasser
100 ml Weißwein
40 g weißer Lauch, in Stücke geschnitten
40 g Knollensellerie, in Stücke geschnitten
1 TL Vadouvan (indische Gewürzmischung, sehr intensiv, vorsichtig dosieren)

Alle Zutaten in einen Topf geben und aufkochen. Mit einem Schaumlöffel Eiweiß und Schwebstoffe abschöpfen. Die Temperatur auf 80 °C reduzieren und den Fond bei geringer Hitze 3 bis 4 Stunden simmern lassen. Den Geflügelfond durch ein feines Tuch filtern und im Kühlschrank aufbewahren.

OCHSENSCHWANZRAGOUT

1,5 kg Ochsenschwanz, in Stücke geschnitten
2 Zwiebeln, geschält und gewürfelt
100 g Karotten, geschält und gewürfelt
100 g Knollensellerie, geschält und gewürfelt
2 Knoblauchzehen, geschält und gewürfelt
1 EL Tomatenmark
300 ml Rotwein
100 ml roter Portwein
500 ml Brühe (Rind, Geflügel oder Gemüse)
400 ml Tomaten aus der Dose
1 Zweig Thymian
2 Lorbeerblätter

Ochsenschwanz mit Salz, Pfeffer und Chilipulver würzen. In einem Bräter mit etwas Rapsöl anbraten. Herausnehmen und beiseitestellen. Backofen auf 130 °C vorheizen. Das Gemüse im Bräter anschwitzen. Tomatenmark zugeben und anrösten. Den Bratensatz mehrmals mit Rotwein ablöschen. Die Ochsenschwanzstücke zurück in den Bräter geben und mit restlichem Rotwein, Portwein, Brühe und Tomaten auffüllen. Kräuter hinzufügen. Ochsenschwanz im Backofen 3 Stunden schmoren. Wenn das Fleisch vom Knochen fällt, ist der Ochsenschwanz gar. Das Fleisch vom Knochen lösen und in mundgerechte Stücke schneiden. Die Sauce passieren, etwas reduzieren und bei Bedarf mit etwas Speisestärke binden. Die Fleischstücke in die Sauce geben.

DUNKLER SCHWEINEFOND

1 kg Schweinerippchen
40 ml Rapsöl
2 Zwiebeln, grob gewürfelt
1 Möhre, grob gewürfelt
1 Stange Stangensellerie, grob gewürfelt
1 EL Tomatenmark
100 ml Madeira
100 ml roter Portwein
1 Zweig Thymian
1 Zweig Rosmarin
8 schwarze Pfefferkörner
1 Lorbeerblatt
1 Sternanis
2 Nelken
2 Pimentkörner
10 g Meersalz
1,5 l Wasser

Die Rippchen klein hacken und in einem großen Topf im Öl anbraten. Zwiebeln, Möhre und Stangensellerie zugeben. Tomatenmark hinzufügen und 5 Minuten anrösten. Mit Madeira und Portwein ablöschen. Kräuter, Gewürze, Salz und Wasser hinzufügen und einmal aufkochen lassen. Mit einem Schaumlöffel Eiweiß und Schwebstoffe abschöpfen. Die Temperatur auf 80 °Grad reduzieren und den Fond bei geringer Hitze 3 bis 4 Stunden simmern lassen. Den Schweinefond durch ein feines Tuch filtern und im Kühlschrank aufbewahren.

BRATENSAUCE (BRAUNE GRUNDSAUCE)

Wie bekommt ihr ohne einen Braten eine schöne, intensiv schmeckende Sauce zu einem Fleischgericht? Hier ein Rezept, wie ihr Bratensauce auf Vorrat herstellen und in Gläsern einfrieren könnt.

50 ml Rapsöl
2 kg Rippchen, klein gehackt
200 g Zwiebeln, geschält und klein geschnitten
150 g Staudensellerie, klein geschnitten
150 g Karotten, klein geschnitten
40 g Tomatenmark

500 ml Weiß- oder Rotwein oder Bier
2 Spitzbeine (Schweinefüße)
2 l dunkler Schweinefond (Rezept Seite 216)

3 Gewürznelken
3 Lorbeerblätter
2 Zweige Thymian
1 Zweig Rosmarin
6 Wacholderbeeren
5 Pimentkörner
150 g weißer Lauch, in kleine Würfel geschnitten
3 Knoblauchzehen, geschält
4 Stängel Petersilie
Kümmel bei Bedarf

Den Backofen auf 180 °C vorheizen. Das Öl in einem Bräter erhitzen und die Rippchen anbraten. Den Bräter 20 bis 30 Minuten in den Backofen schieben und ab und zu umrühren. Wenn die Knochen gebräunt sind, den Bräter auf den Herd stellen. Das Gemüse zugeben und rösten, bis es Farbe annimmt. Das Tomatenmark hinzufügen und unter Rühren anrösten. Mit dem Wein oder Bier mehrmals ablöschen und dabei den Ansatz vom Boden lösen. Die Schweinefüße in den Topf geben, Schweinefond hinzufügen und aufkochen. Mit einem Schaumlöffel Eiweiß und Schwebstoffe abschöpfen. Die Temperatur reduzieren. Die Gewürze, den Lauch, den Knoblauch und die Petersilie dazugeben und 90 Minuten simmernd ziehen lassen. Die Sauce durch ein feines Tuch filtern und in Gläser abfüllen. Diese könnt ihr einfrieren oder im Kühlschrank aufbewahren. Die Grundsauce kann nach Belieben mit etwas Stärke gebunden werden.

MEERRETTICHSAUCE

1 Zwiebel, geschält und halbiert
2 Lorbeerblätter
2 Nelken
60 g Butter
2 EL Mehl
80 ml Weißwein
1 l Brühe vom Tafelspitz oder von gekochtem Rindfleisch
150 g Meerrettich, frisch gerieben
100 ml Sahne

Die beiden Zwiebelhälften mit je einem Lorbeerblatt und einer Nelke spicken. Die Butter in einem Topf zerlassen und das Mehl einrühren. Mit dem Weißwein ablöschen und die Brühe hinzufügen. Unter Rühren zum Kochen bringen. Den Meerrettich und die Spickzwiebel dazugeben und 40 Minuten köcheln lassen. Mehrmals umrühren, damit die Sauce nicht ansetzt. Die Zwiebelhälften herausnehmen. Die Sahne unter die Meerrettichsauce rühren und mit Salz und Pfeffer abschmecken.

Kalte Saucen und Dips

BARBECUE-SAUCE

ergibt 1 l Sauce und reicht für mehrere Ribs

200 g Butter
250 g Zwiebeln, in kleine Würfel geschnitten
200 g Äpfel mit Schale, in kleine Würfel geschnitten
500 ml Cola
2 EL Ingwer, fein gehackt
1 Knoblauchzehe, zerdrückt
1 TL Cayennepfeffer
1 EL Pul Biber (türkische Gewürzmischung mit getrocknetem scharfem Paprika)
1 TL schwarzer Pfeffer, gemahlen
1 EL mittelscharfer Senf
150 ml Apfelessig
400 ml Orangensaft
20 ml Sojasauce
80 ml Worcestersauce
250 g Ketchup
100 g Tomatenmark
30 g Salz
1 Prise Zucker

Die Butter in einer Pfanne zerlassen und die Zwiebel- und Apfelwürfel darin anschwitzen. Die Zwiebel-Apfelmischung 15 Minuten kalträuchern. Alternativ kann man auch geräuchertes Öl verwenden. Mit Cola ablöschen und fast vollständig einkochen lassen. Ingwer, Knoblauch, Gewürze und Senf dazugeben. Apfelessig, Orangensaft, Sojasauce und Worcestersauce zugeben und einmal aufkochen. Ketchup und Tomatenmark zur Sauce geben und mixen. Mit Meersalz und etwas Zucker abschmecken.

MEERRETTICH-CREME

200 g Crème fraîche
Abrieb und Saft von 1 Zitrone
2 EL fein geriebener frischer Meerrettich

Crème fraîche, Zitronensaft und Zitronenabrieb vermischen und mit Salz und Zucker abschmecken. Den frischen Meerrettich hinzufügen und vermischen.

WASABI-CREME

100 g Crème fraîche
30 g Wasabi-Pulver (oder 10 g frischer Wasabi)
Abrieb und Saft von 1 Limette
Cayennepfeffer

Crème fraîche mit Wasabi-Pulver, Limettensaft und Limettenabrieb verrühren. Mit Salz, Zucker und Cayennepfeffer abschmecken.

CAFÉ DE PARIS BUTTER

1 kg weiche Butter
60 g Ketchup
25 g Dijon-Senf
25 g Kapern, fein zerhackt
125 g Schalotten, fein gewürfelt und in Butter glasig gedünstet
50 g Petersilie, fein gehackt
5 g Majoran, fein gehackt
5 g Dill, fein gehackt
5 g Thymianblätter, fein gehackt
10 g Estragon, fein gehackt
5 g Rosmarin, fein gehackt
5 g Knoblauch, geschält und fein zerdrückt
3 g Cayennepfeffer
8 Sardellenfilets, fein zerdrückt
20 ml Armagnac
20 ml Madeira
1 EL edelsüßes Paprikapulver
1 EL Curry Madras
8 Senfkörner, fein zerstoßen
Abrieb und Saft von 1 Zitrone
Abrieb von ½ Orange

Die Butter schaumig rühren. Alle Zutaten hinzufügen und gut vermischen. Die Butter in einen Spritzbeutel füllen, kleine Rosetten auf ein Backpapier spritzen und kühl stellen oder einfrieren.

KRÄUTERBUTTER

500 g weiche Butter, schaumig geschlagen
12 g Knoblauch, geschält und fein zerdrückt
75 g Schalottenwürfel, in Butter angeschwitzt
25 g Petersilie, fein gehackt
25 g Schnittlauch, fein geschnitten
70 ml Weißwein
40 ml Cognac, auf ein Drittel reduziert
40 ml Bratenjus oder Rotweinsauce
Abrieb und Saft von 1 Zitrone

Alle Zutaten miteinander verrühren und mit Salz und Pfeffer abschmecken. Die Kräuterbutter auf eine Frischhaltefolie geben, zu einer Rolle formen und bis zur Verwendung kaltstellen.

Grundrezepte für Fleisch

GEFLÜGELFARCE

100 g Geflügelbrust (Hähnchen oder Poularde)
100 bis 120 ml Sahne
Muskat

Die Geflügelbrust in kleine Würfel schneiden, salzen und mit Pfeffer und Muskat würzen. Eine Stunde in den Gefrierschrank legen. Das angefrorene Fleisch in einem Kutter oder Thermomix mixen, dann nach und nach die Sahne dazugeben, bis die Farce glänzend und geschmeidig ist. Durch ein feines Sieb streichen, um alle Sehnen zu entfernen. Wer sich die Arbeit sparen möchte, besorgt beim Metzger helles Leberkäsbrät.

MEERSALZKRUSTE MIT KRÄUTERN

4 kg grobes graues Meersalz (dies ist aromatischer als das weiße gewaschene Salz)
300 ml Wasser

Nach Belieben Thymian, Rosmarin, Pfefferkörner, Wacholderbeeren, Knoblauch, Korianderkörner, Lavendelblüten oder Lorbeerblätter zum Salz geben und vermengen. Das Wasser hinzufügen – das Salz soll leicht binden, darf aber nicht zu nass werden.

PÖKELLAKE FÜRS NASSPÖKELN VON FLEISCH

LAKE I
5 l Wasser
550 g Pökelsalz
80 g Zucker
30 schwarze Pfefferkörner
10 g Korianderkörner
3 Nelken
12 Wacholderbeeren
3 Lorbeerblätter
5 Stängel Petersilie

LAKE II FÜR ASIATISCHE GERICHTE UND SCHINKEN
5 l Wasser
550 g Pökelsalz
100 g Honig
2 Stängel Zitronengras, etwas weichgeklopft
6 Kaffirlimettenblätter
1 Stängel Currykraut (Asiamarkt)
Abrieb und Saft von 1 Limette
1 Chilischote
100 g frischer Ingwer, in Scheiben geschnitten
15 g geröstete Korianderkörner

In einem großen Topf das Wasser mit dem Pökelsalz auf 80 °C erhitzen und umrühren, bis das Salz aufgelöst ist. Die restlichen Zutaten hinzufügen und 2 bis 4 Stunden ziehen lassen. Die Lake passieren. Mit einer Lakespritze (z. B. von der Firma Dick) die Pökellake alle 2 cm in das Fleisch spritzen. Das Fleisch in eine Schüssel geben und so mit der Lake bedecken, dass diese 3 cm über das Fleisch reicht. Zugedeckt im Kühlschrank 5 bis 14 Tage ziehen lassen.

Beilagen

Die Beilagen sind für 8 Personen berechnet.

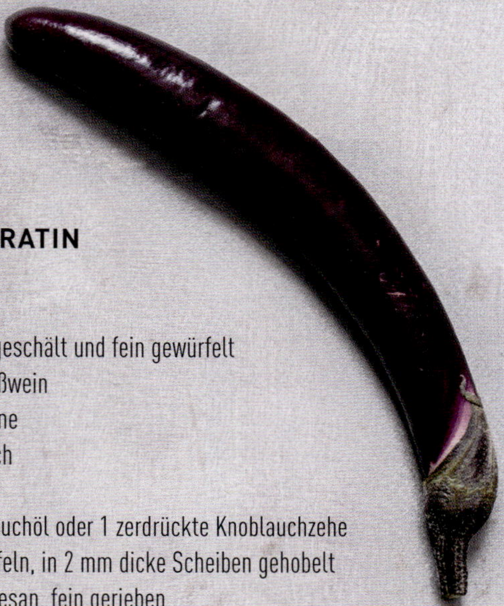

BÄCKERINKARTOFFELN

2 kg Kartoffeln, in 2 mm dicke Scheiben gehobelt
50 g Butter
50 g Erdnussöl
500 g Zwiebeln, geviertelt und in feine Streifen geschnitten
2 Knoblauchzehen, fein gehackt
Muskat
je 1 EL fein gehackter Rosmarin und Thymian
1 l Fleisch-, Hühner- oder Gemüsebrühe

Den Backofen auf 180 °C vorheizen. Butter und Erdnussöl in einer Pfanne erhitzen. Die Kartoffelscheiben darin anbraten. Die Zwiebeln dazugeben und mit Salz, Pfeffer, Knoblauch und etwas Muskat würzen. Rosmarin und Thymian hinzufügen. Die Brühe zugießen und aufkochen lassen. Die Kartoffeln auf ein Blech geben, glattstreichen und im Backofen garen, bis die Flüssigkeit verdampft ist und die Kartoffeln leicht gebräunt sind.

KARTOFFELGRATIN

80 g Butter
1 Zwiebel, geschält und fein gewürfelt
100 ml Weißwein
600 ml Sahne
200 ml Milch
Muskat
1 TL Knoblauchöl oder 1 zerdrückte Knoblauchzehe
2 kg Kartoffeln, in 2 mm dicke Scheiben gehobelt
100 g Parmesan, fein gerieben

Den Backofen auf 180 °C vorheizen. Die Butter in einer großen Pfanne zerlassen und die Zwiebelwürfel darin andünsten. Mit Weißwein ablöschen und reduzieren. Sahne und Milch zugießen und mit Salz, Pfeffer, Muskat und Knoblauch würzen. Die Kartoffelscheiben dazugeben und 5 Minuten kochen lassen. Den Parmesan unterrühren. Die Kartoffeln auf ein Backblech geben und 30 Minuten im Backofen backen.

Beilagen

Die Beilagen sind für 8 Personen berechnet.

SERVIETTENKNÖDEL

250 ml Milch
200 g Butter
250 g Grieß
250 g Weißbrotwürfel
4 Eier
100 g Schalotten, fein gewürfelt und gedünstet
3 Stängel Petersilie, fein gehackt
Muskat

Milch und Butter in einem Topf aufkochen. Den Grieß einrieseln lassen und unter Rühren 5 Minuten kochen. Die Weißbrotwürfel in eine Schüssel geben und die Milch-Butter-Grießmasse hinzufügen. Eier, gedünstete Schalotten und Petersilie dazugeben und zu einem lockeren Teig kneten. Den Knödelteig zuerst in Frischhaltefolie, dann in Alufolie einrollen. Die Enden mit Bratenschnur zusammenbinden und die Rolle in leicht siedendem Salzwasser 30 Minuten ziehen lassen. Den Serviettenknödel in Scheiben schneiden und in Butter anbraten.

APFELROTKRAUT

1 Kopf Rotkraut
Abrieb und Saft von 1 Zitrone
Abrieb und Saft von 1 Orange
3 EL Honig
3 Zwiebeln, geschält und in dünne Scheiben geschnitten
2 Äpfel, geschält und in dünne Scheiben geschnitten
100 g Gänseschmalz (oder Enten- bzw. Schweineschmalz)
500 ml Rotwein
1 l Gemüsebrühe
3 Lorbeerblätter
5 Nelken
5 Pimentkörner
8 Wacholderbeeren
10 Pfefferkörner
1 Zimtstange
1 Kartoffel oder Speisestärke zum Binden

Das Rotkraut von den äußeren trockenen Blättern befreien, vierteln und den Strunk entfernen. Das Kraut in feine Streifen schneiden und in eine Schüssel geben. Salz, Abrieb und Saft der Zitrone und der Orange sowie den Honig zugeben, durchkneten und 4 Stunden ziehen lassen. In einem großen Topf das Schmalz zerlassen und die Zwiebel- und Apfelstreifen glasig dünsten. Das marinierte Kraut hinzufügen, mit dem Rotwein ablöschen und 10 Minuten köcheln lassen. Die Hälfte der Brühe angießen. Die Gewürze in einen Teebeutel füllen, mit Bratenschnur zubinden und zum Rotkraut geben. Zugedeckt 2 Stunden köcheln lassen. Bei Bedarf etwas Gemüsebrühe nachfüllen. Wenn das Kraut weich ist, mit der fein geriebenen Kartoffel oder etwas angerührter Speisestärke binden.

SAUERKRAUT

100 g Schweineschmalz (oder Gänse- bzw. Entenschmalz)
100 g leicht geräucherter Speck, in feine Streifen oder Würfel geschnitten
2 Zwiebeln, geschält und in dünne Scheiben geschnitten
2 kg Sauerkraut
500 ml Weißwein
3 Lorbeerblätter
5 Pimentkörner
3 Nelken
8 Wacholderbeeren
10 Pfefferkörner
1 Karotte
1 Schweinefuß
1 Schweineschwanz
1 bis 2 l Gemüsebrühe
1 Kartoffel oder Speisestärke zum Binden

In einem großen Topf das Schmalz zerlassen und die Zwiebeln und den Speck glasig dünsten. Das Sauerkraut dazugeben, mit dem Weißwein ablöschen und 10 Minuten köcheln lassen. Etwas Salz und Zucker zugeben. Die Gewürze in einen Teebeutel füllen, mit Bratenschnur zubinden und zusammen mit der Möhre, dem Schweinefuß und dem Schweineschwanz zum Sauerkraut geben. Mit Gemüsebrühe auffüllen, sodass das Sauerkraut bedeckt ist, und zugedeckt 2 Stunden köcheln lassen. Bei Bedarf etwa Gemüsebrühe nachfüllen. Wenn das Kraut weich ist, Schweineschwanz und Schweinefuß herausnehmen. Das Sauerkraut mit der fein geriebenen Kartoffel oder etwas angerührter Speisestärke binden. Wer möchte, gibt das gewürfelte Fleisch vom Schweineschwanz und Schweinefuß dazu.

BRATAPFEL

8 kleine bis mittelgroße säuerliche Äpfel (Boskop, Jonagold, Cox Orange, Gravensteiner, Berlepsch)
2 EL Rosinen, grob gehackt
2 EL Mandeln, grob gehackt
2 EL Haselnüsse, grob gehackt
2 EL Walnüsse, grob gehackt
Abrieb von 1 Zitrone
Abrieb von 1 Orange
200 g Marzipan
2 EL Honig
½ Stange Vanille
etwas gemahlener Zimt
100 g Butter

Den Backofen auf 200 °C vorheizen. Die Äpfel waschen, die Deckel abschneiden und beiseitelegen. Die Kerngehäuse großzügig ausstechen. Etwas Fruchtfleisch in kleine Würfel schneiden. Alle Zutaten außer der Butter vermischen, in die Äpfel füllen und die Deckel darauflegen. Die gefüllten Äpfel in eine Auflaufform setzen. Die Butter würfeln und um die Äpfel verteilen. Im vorgeheizten Ofen 30 bis 40 Minuten backen. Die Bratäpfel passen zu Ente, Gans, Truthahn oder Wild.

SERVICE

Danke

MEIN DANK GEHT AN DIE BETEILIGTEN DER BUCHPRODUKTION:

Florian Bolk, Fotografie

Bruni Thiemeyer, Matthaes Verlag

Frieder Krohmer, Grafik

Martina Kunrath, Lektorat

Die Vorkoster Yücel, Volkan, Serkan, Carsten, Naci und Seyfettin

DANK AN MEINE PARTNER IN DEN FIRMEN:

Sarah & Mirko Dehm sowie Maik Altendeitering von Kalieber Fleischer Handwerkskunst

Jörg Erchinger von Erchinger Fleisch und Wurstmanufaktur

Livius Schüssele von Julabo

Marcel Blättler von Foom Smoker

Florian Knecht von Big Green Egg

Michael Düsterfeld von Hela Gewürzwerk

Christian Bieber & Klaus Meier von Friedr. Dick

Sébastien Gorius von La Cantine d'Augusta

Frank Hecker von Beefer Grillgeräte

Wolfgang Otto & Stefan Schneider von Otto Gourmet

Marcel Speidel von Edelbeef Fleischboutique

Georg Schmitt von Henkelman Vacuum Systems

Thomas Karlowsky von Karlowsky Fashion

Ralf Bos von Bos Food

UND EIN GANZ BESONDERES DANKESCHÖN AN:

Sarah & Mirko Dehm und Jörg Erchinger, die mir für dieses Buch das beste Fleisch und Geflügel besorgt haben. So weiß ich, wo das Fleisch herkommt, wie es gezüchtet und wie es geschlachtet wurde und kann es mit gutem Gewissen verarbeiten.

Marcel Speidel, Ludwig Maurer und Xesc Raina, von denen ich so viel Input bekomme, wenn es um Liebe und Respekt beim Umgang mit Fleisch geht.

EIN HERZLICHER DANK FÜR EUREN BEITRAG ZUM BUCH AN:

Ludwig Maurer, meinen Bruder im Geiste, für das schöne Grußwort

Die Hela Gewürzwerk Hermann Laue GmbH, die die Buchproduktion unterstützt hat und deren ausgezeichnete Gewürze mich schon fast mein ganzes Leben lang begleiten.

BILD RECHTS: **Wolfgang Müller, Sarah Dehm, Maik Altendeitering und Mirko Dehm von Kalieber Fleischer Handwerkskunst.**

Kalieber.
STÜTZPUNKT

Register alphabetisch

Register nach Fleischarten

GEFLÜGEL

KALB

KANINCHEN

LAMM

PFERD

RIND

SCHWEIN

WILD

ZIEGE

Das Team

WOLFGANG MÜLLER

Mit 15 Jahren erlernte Wolfgang Müller den Beruf des Metzgers. Nach Abschluss der Metzgerlehre erfüllte er sich seinen Traum aus frühesten Kindertagen: Er machte eine Lehre als Koch.
Es folgten 18 Jahre Sternegastronomie und zahlreiche Auszeichnungen. Bereits seine erste Station, das Restaurant „Alte Stadtmühle" in Schopfheim, hatte einen Michelin Stern und 17 Punkte im Gault Millau. Nach der Meisterschule in Heidelberg folgten neun Jahre im legendären "Schlosshotel Bühlerhöhe" bei Baden-Baden. Unter seiner Leitung als Küchendirektor wurde das „Schlossrestaurant" auf 15 Punkte im Gault Millau hochgestuft.
Zur Jahrtausendwende eröffnete Wolfgang Müller in Berlin das Restaurant „Adermann". Kein Restaurant wurde jemals schneller mit einem Stern im Guide Michelin ausgezeichnet. 2004 wurde Wolfgang Müller dann Küchenchef und Teilhaber des Restaurants „Horváth", welches sich schnell einen exklusiven Namen in Berlin machte und 15 Punkte im Gault Millau bekam.
Wolfgang Müllers Kochkunst wurde mit dem deutschen „Prix Culinaire Taittinger" sowie Auszeichnungen wie dem „Prix Culinaire des Régions Européenes" im Europaparlament in Straßburg und der zweifachen Verleihung des „Five Star Diamond Award" gewürdigt. Sein umfassendes Wissen als passionierter Metzger und Sternekoch gibt Wolfgang Müller auf vielfältige Weise weiter: Er ist Autor der erfolgreichen Kochbücher „Schwein" und „Wurst herstellen", berät Gastronomen zum „richtigen" Umgang mit Fleisch, gibt Workshops zu seinem Spezialgebiet Fleisch & Wurst und arbeitet als Foodstylist für Magazine und Bücher. Mit Spitzenköchen und Gleichgesinnten wie Franz Keller, Stefan Marquard und Ludwig „Lucki" Maurer verbindet ihn ein inspirierender Austausch.
Wolfgang Müllers Begeisterung für die ganzheitliche Verarbeitung von Fleisch hat zur Gründung seiner Firma „Meatchef" geführt. Als Berater, leitender Eventkoch für Veranstaltungen und Messen sowie bei seinen einzigartigen Workshops zum Thema „Hausschlachtung" gibt er Einblicke in seine besondere Handwerkskunst.

FLORIAN BOLK

Florian Bolk ist Fotodesigner. Neben den Bereichen Mode-, Portrait- und Kunstfotografie ist Florian Bolk seit Jahren als Foodfotograf etabliert und mit Preisen gekrönt. Engagiert von „Der Feinschmecker" und von Spitzenchefs wie Ralf Zacherl oder Lucki Maurer. Und Herausgeber des Koch-Kultur-Magazins „Le Schicken".

MAIK ALTENDEITERING

Maik Altendeitering ist Leiter der Kalieber Grill- und Kochakademie und ein Liebhaber der guten Küche. Als Grill-Profi liebt er Langzeitgrillen über offenem Feuer und hat mich bei den Rezepten rund ums BBQ toll unterstützt.

Die Vorkoster Volkan, Carsten, Yücel, Serkan, Seyfettin und Naci.

DIE VORKOSTER

Für dieses Buch habe ich 357 Kilogramm Fleisch verarbeitet. Aus Respekt vor den Tieren ist das Fleisch natürlich nicht in die Tonne gewandert. Stattdessen kamen diese Jungs in den Genuss, das ganze Buch schon mal zu probieren – danke für die tollen Abende!

MATTHAES
Ein Imprint der Dorling Kindersley Verlag GmbH

Ein Unternehmen der Penguin Random House Group

Rezepturen und Texte	Wolfgang Müller, Berlin
Fotografie	Florian Bolk Fotografie, Berlin
Bild Seite 7	Volker Debus, Samerberg
Gestaltung	Atelier Krohmer, Dettingen/Erms
Repro	Boris Wick, Oberrot
Lektorat	Martina Kunrath, Stuttgart
Projektbetreuung	Bruni Thiemeyer
Druck und Bindung	Neografia, Slowakei

MIX
Papier | Fördert gute Waldnutzung
FSC® C020353

ISBN 978-3-98541-063-7

www.dk-verlag.de

Hinweis
Die im Buch veröffentlichten Texte und Rezepte wurden mit größter Sorgfalt vom Verfasser und dem Verlag erarbeitet und geprüft. Eine Garantie kann jedoch nicht übernommen werden. Ebenso ist die Haftung des Verfassers und/oder des Verlags und seiner Beauftragten für Personen-, Sach- und Vermögensschäden ausgeschlossen.